2023
中国印刷产业
创新发展报告

创新实践卷

主编：刘轶平

副主编：王丽杰　宋慧慧

THE REPORT
ON CHINA'S PRINTING INDUSTRY
INNOVATION AND DEVELOPMENT(2023)

文化发展出版社
Cultural Development Press

·北京·

图书在版编目（CIP）数据

2023 中国印刷产业创新发展报告：创新实践卷 / 刘轶平主编 . — 北京：文化发展出版社，2023.8
ISBN 978-7-5142-4071-9

Ⅰ . ① 2… Ⅱ . ① 刘… Ⅲ . ① 印刷工业 – 产业发展 – 研究报告 – 中国 – 2023 Ⅳ . ① F426.84

中国国家版本馆 CIP 数据核字（2023）第 162236 号

2023 中国印刷产业创新发展报告——创新实践卷

| 主　　编：刘轶平 |
| 副 主 编：王丽杰　宋慧慧 |

出 版 人：宋　娜	
责任编辑：李　毅	责任校对：岳智勇　马　瑶
责任印制：邓辉明	封面设计：韦思卓
出版发行：文化发展出版社（北京市翠微路 2 号　邮编：100036）	
发行电话：010-88275993　010-88275710	
网　　址：www.wenhuafazhan.com	
经　　销：全国新华书店	
印　　刷：北京捷迅佳彩印刷有限公司	
开　　本：710mm×1000mm　1/16	
字　　数：175 千字	
印　　张：13.25	
版　　次：2023 年 9 月第 1 版	
印　　次：2023 年 9 月第 1 次印刷	
定　　价：78.00 元	
ＩＳＢＮ：978-7-5142-4071-9	

◆ 如有印装质量问题，请与我社印制部联系　电话：010-88275720

出版说明

创新是民族进步的灵魂,更是一个国家兴旺发达的不竭动力。创新本质上是一种上升的、向前的、进步的变化,是新事物代替旧事物的发展规律。

如今中国迈入全面建设社会主义现代化国家、向第二个百年奋斗目标进军的新征程,科技创新事业正在发生历史性、整体性、格局性的重大变化,全球创新指数排名从 2012 年的第 34 位上升到 2022 年的第 11 位,成功进入创新型国家行列。党的二十大报告明确提出:"必须坚持科技是第一生产力、人才是第一资源、创新是第一动力,深入实施科教兴国战略、人才强国战略、创新驱动发展战略,开辟发展新领域新赛道,不断塑造发展新动能新优势。"

视线回归到印刷业。以创新引领产业转型升级,创造发展新优势,是中国印刷业进入 21 世纪,尤其进入新常态发展阶段后,一条重要的发展路线。基于创新引领产业发展的时代性、长期性和重要性,北京科印传媒文化股份有限公司(以下简称科印传媒)计划定期追踪观察印刷产业的创新发展动态与趋向,及时报道印刷企业的创新实践与思考,每年发布《中国印刷产业创新发展报告》。

《2023 中国印刷产业创新发展报告——创新实践卷》是科印传媒第三次发布的年度系列报告。与前两年不同,本年度报告聚焦中国印刷产业的创新实践,通过全面梳理优秀印刷企业在绿色化、数字化、智能化、融合化方面的创新动态及发展趋势,为印刷企业探索创新发展和转型升级的具体路径提供有效、可靠的参考和借鉴,从而助推中国印刷产业高质量发展。2023 年还特别设置了"专精特新"篇章,关注近年来中国印刷业专精特新(专业化、精细化、特色化、新颖化)企业的发展动向及案例分享。作为"创新实践卷",本书将以定期发布的方式，持续跟踪中国印刷产业的创新实践及趋势，旨在打造行业权威的创新实践类年鉴。

本书由三部分内容组成。

第一部分，主报告篇。本部分为主报告——"2023中国印刷产业创新发展报告"，主体采用定量分析方法，样本取自印刷行业中的优秀企业，力求通过指标描述和数据分析，客观反映印刷产业的创新能力及其发展变化，从而记录印刷业的创新力演变进程，分析印刷企业创新发展的瓶颈与突破方向。

第二部分，创新引领篇。本部分收录了由《印刷经理人》杂志近三年评选的"创新10强"优秀印刷企业案例，对它们在绿色化、数字化、智能化、融合化方面的创新实践进行了系统梳理，旨在为行业呈现可行、有效、多元的创新发展路径，共同探寻行业创新发展趋势。

第三部分，专精特新篇。本部分整理了印刷行业"专精特新"企业的整体概况及具体案例，对印刷企业深入了解国家"专精特新"相关政策、集中发力具有一定的参考价值。

由于编者能力与水平有限，书中难免存在疏漏和错误之处，恳请读者指正。

编者

2023年6月于北京

目 录 contents

第一部分
主报告篇 ·· 1

第一章　2023 中国印刷产业创新发展报告 ················· 3
　　　2023 中国印刷产业创新发展报告 ················· 5

第二部分
创新引领篇 ·· 27

第二章　绿色践行 ··· 29
　　　上海鸿洋：打造零塑料包装箱，推动包装产品创新 ················ 31
　　　国际济丰包装：印刷包装企业"碳中和"实践经验 ················ 35
　　　快乐包：以环保产品打造快递包装领域新生态 ················ 39
　　　格洛博：以低碳环保理念，引领智能标签行业可持续发展 ············ 43
　　　诚德科技：打造"包装未来"计划 ················ 47
　　　合肥丹盛：实践 ESG 的先行者 ················ 51
　　　银金达：紧扣绿色创新，构建全产业链协同发展生态 ················ 56

第三章　数字转型 ··· 61

捷迅佳彩：一家印刷企业的自我进化与创新 ································ 63
鹏宇祥：乘势而上，打造互联互通的一体化数字工厂 ···················· 68
宝绅科技：为传统包装产品赋能升级 ·· 72
云印：提升协同水平，构建包装产业专业化生产体系 ···················· 76
赛维：开辟数字印刷试验田，引领电子标签新时代 ······················· 80

第四章　智能制造 ··· 85

江天包装：打造环保智能化标签示范企业 ·································· 87
绪权印刷：在智能化道路上不断前行 ·· 91
美柯乐：求索智改数转之路，拥抱行业绿色未来 ·························· 95
卡游科技：实现卡游智造升级　推动卡牌行业发展 ······················· 99
安徽新华：开辟印刷企业数智化建设的探索之路 ························· 102
许昌裕同：裕见数智，同创未来 ·· 106
劲佳包装：智能创新　融合开拓 ·· 110

第五章　融合启新 ·· 115

创客贴：从创意设计到产业协同，打造印刷互联网发展新模式 ········ 117
赛可优：打造中央工厂，做综合文印解决商 ······························ 121
吉广国际：用实力诠释"印刷+文化"的无限可能 ······················ 125
摩环文化：以无限创意，让品牌IP绽放全新活力 ························ 129
四维传媒：创造出版印刷领域的"元宇宙" ······························ 133
包小盒：化繁为简，开拓包装行业创意设计新生态 ······················ 137
长江印业：打造自主品牌，以文化创意赋能传统印刷 ··················· 141
世纪开元：走好印刷产业互联网之路 ······································ 145
都能印：印刷电商+社交工具的发展新可能 ······························ 148
隽思集团：积极拥抱数字技术，创建电商零售新模式 ··················· 152
广东金冠科技：1个起印，24小时交货，开拓印刷包装新蓝海 ········ 156
印通天下：从"我"到"我们"，打造产业互联网新模式 ··············· 159

第三部分
专精特新篇 …………………………………… 163

第六章　专精特新 …………………………………… 165
从"专精特新"讲起，洞察印刷包装企业发展方向 ………… 167
专精特新，激活发展新动能 ………………………………… 169
创业人环保股份：做最好的精细包装解决方案提供商 …… 173
恒大包装：争做专精特新"小巨人"，打造国家级"绿色工厂" …… 177
天津艺虹：修炼内功，走好"专精特新"进阶之路 ………… 180
上海龙利得：行业最早拥有智能无人工厂，打造中国瓦楞名牌 …… 184
中域科技：炼就"专精特新"之路 ………………………… 190
安徽宏洋包装：讲好酒盒与铁罐"两手抓"的故事 ………… 194
金百利：坚持"创新驱动发展"，探索"专精特新"之路 …… 198
金富科技：创新研发，推动小瓶盖创造大世界 …………… 201

第一部分
主报告篇

自主创新能力是一个国家科技创新能力的重要体现，也是一个产业不断转型升级的关键动力。

为了持续追踪印刷企业的创新活动与进程发展，深刻认识印刷产业的创新实力与创新环境，科印传媒产业研究中心定期发布《中国印刷产业创新发展报告》，通过抽样调查与数据分析，系统描述印刷企业所面临的创新条件，如支撑创新活动的人力要素情况、创新投入情况、创新机构建设情况等，并深入分析创新所产生的效果，如专利发明情况、企业经济效益情况等。

我们期望该报告能为行业启迪新思路、探索新方向，提供学习借鉴的标杆，鼓励更多的印刷企业将创新纳入战略视野，主动推动技术革新、工艺创新、产品研发，与时俱进、拥抱变化，把创新发展作为应对经济下行压力、实现转型发展的核心驱动力，为自身发展提供"加速度"。

第一章　2023 中国印刷产业创新发展报告

2023 中国印刷产业创新发展报告

　　2012 年，党的十八大报告明确提出实施创新驱动发展战略。十年之后，党的二十大报告对加快实施创新驱动发展战略又作出重要部署，"坚持面向世界科技前沿、面向经济主战场、面向国家重大需求、面向人民生命健康，加快实现高水平科技自立自强"。科技创新是塑造发展新动能、新优势的重要引擎，创新能力是企业核心竞争力的重要来源，创新驱动发展已成为实现高质量发展的必然选择。

　　为了及时反映印刷业的创新动向，记录印刷业的创新力演变进程，分析印刷企业创新发展的瓶颈与突破方向，科印传媒产业研究中心从 2021 年开始发布"中国印刷产业创新发展报告"，2023 年为第三次发布。我们希望通过这一年度系列报告，为行业提供一个系统了解和及时跟踪印刷业创新发展状况的窗口，共同见证处于重要战略机遇期的印刷产业，如何激发创新创造活力，持续改善科技创新生态，通过创新推动印刷业高质量发展的历史进程。

一、研究方法

　　"中国印刷产业创新发展报告"，主体采用定量分析方法，力求通过指标描述和数据分析，客观反映印刷产业的创新能力及其发展变化。

　　如图 1-1 所示，印刷产业创新指标体系由创新环境、创新投入、创新成效 3 个一级指标和 10 个二级指标组成，全方位、多维度反映产业创新发展情况。

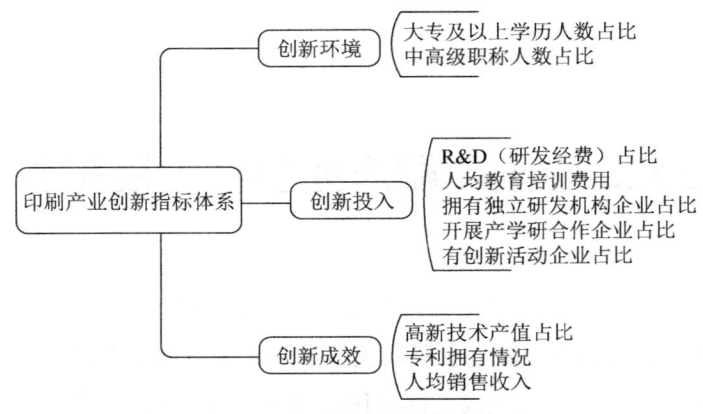

图 1-1 印刷产业创新指标体系

创新环境描述印刷企业所面临的创新条件，着重反映创新支撑的人力要素，由大专及以上学历人数占比、中高级职称人数占比两项二级指标组成。

创新投入通过创新的人力财力投入情况、创新关键部门建设情况等，反映对创新活动的推动情况。由 R&D（研发经费）占比、人均教育培训费用、拥有独立研发机构企业占比、开展产学研合作企业占比、有创新活动企业占比 5 项二级指标组成。

创新成效反映创新活动所产生的效果和影响，由高新技术产值占比、专利拥有情况、人均销售收入 3 项二级指标组成。

需要说明的是，为了保持指标体系的延续性和动态可比性，2023 年的指标体系与上年相同，以便更为准确地反映创新为企业带来的技术进步与升级效果。

"中国印刷产业创新发展报告"采用抽样调查方法，选定印刷企业进入样本池。为了保证抽样调查的稳定性、连续性与可比性，"创新发展报告"拟定每年与"中国印刷包装企业 100 强"联合行动，收集样本数据。本年度共收集有效样本百余家，样本企业 2022 年销售收入均超过 2 亿元。基于样本企业的规模性与先进性，准确地说，"中国印刷产业创新发展报告"所反映的，并不是印刷行业创新发展的平均水平，而是创新发展的风向标，便于全行业把握产业创新发展的动向、了解标杆企业的作为。

同时，"创新发展报告"针对部分二级指标，将同时提供规模以上企业的创新发展状况（数据来自国家统计局，规模以上企业为年主营业务收入2000万元以上的企业）。力求在统计数据可支持的范围内，构建多层次观察与分析体系，尽可能反映印刷业创新发展的全貌。

二、创新环境分析

创新环境，主要反映创新发展所必备的人力要素支撑情况，是印刷企业进行科技创新所倚重的重要条件。

1. 大专及以上学历人数占比

大专及以上学历人数在全员中的占比，可体现企业员工的受教育程度，一定程度上可视为企业的全员综合素质指标。

本次调查中，百余家样本企业2022年大专及以上学历人数平均占比为26.72%。其中，样本企业最高占比为85.19%，最低占比为3.3%。

根据2021年5月公布的第七次全国人口普查数据，全国拥有大专及以上学历人数占比为15.47%。而在我们2023年所调查的样本企业中，尚有20.8%的企业未达到这一水平，虽然相较上年调查的21.9%下降了1个百分点，但整体来说，印刷业的员工受教育程度相比很多行业是偏低的。

图1-2显示，大专及以上学历人数在全员中的占比，七成多样本企业集中在10%～40%。其中，20.00%的企业，大专及以上学历人数占比在10%～20%；27.50%的企业，占比在20%～30%；25.00%的企业，占比在30%～40%。而占比超过50%的企业，仅占百余家样本企业的一成。尚有10.83%的样本企业，大专及以上学历人数在企业中的占比不足10%。

从区域来看，大专及以上学历人数在全员中占比由高到低，排序依次为长三角、京津冀、西部地区、珠三角、中部地区。但2023年各区域的占比数据差距不大，人员素质能力在各地区企业中，出现越来越均衡的情况。尤其是珠三角企业，学历人员占比提升较快，这既与该地区企业提升自动化、智能化水平后人员结构调整有关，恐也与该地区受外贸弱势影响，用工结构调整有关。

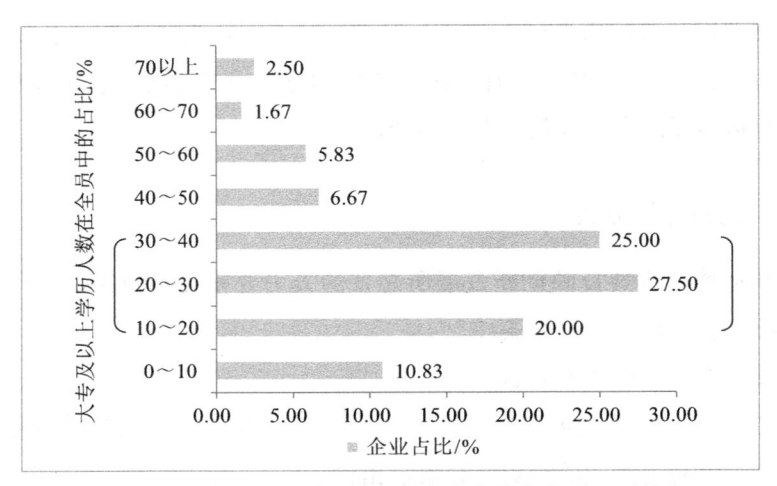

图 1-2 大专及以上学历人数在全员中的占比（2022 年）

从企业性质来看，大专及以上学历人数在全员中占比由高到低，排序依次为国有企业、外资企业、股份有限公司、有限责任公司、私营企业。国有企业的学历人数占比明显高于其他性质企业，体现出国企入场门槛较高的特点；外资企业、股份有限公司的占比非常接近，属于第二梯队，这类企业对员工的素质要求越来越高；相比之下，私营企业的学历人数占比最低，与国有企业的差距在 10 个百分点以上。

从业务类型来看，大专及以上学历人数在全员中占比，出版物印刷企业远高于包装印刷企业，表明出版物印刷企业的员工整体素质更胜一筹。

作为分年度连续发布的创新发展报告，动态观察印刷业创新发展变化进程，是一个重要的分析维度。为了使动态对比更具可信度、更具科学性，我们只取两年同时在样本库中的企业，对比其两年的指标变化。2023 年的样本库中，两年同时在库企业占比超过 70%，有近百家企业，可以比较有代表性地反映印刷业头部标杆企业的创新力演化情况。

两年同时在库企业的销售收入之和，2022 年相比上年增长 0.26%，总量基本持平，个体企业有升有降，呈现出总量平稳、局部分化加剧的特征。同时期，职工人数之和减少 4.87%，大专及以上学历人数之和减少 0.3%，可以看到，在疫情后恢复期的艰难年份，企业有所减员，但学历人数保持稳定。基于此，这些企业2022年大专及以上学历人数占比为27.51%，相比2021年的26.25%，比例有所提升，这些标杆企业持续提升员工素质的努力可见一斑。

2. 中高级职称人数占比

中高级职称人数在全员中的占比，可呈现员工在企业的成长情况，更可反映企业进行科技创新的人员实力，可视为企业的人才成长和创新能力指标。

本次调查中，百余家样本企业2022年中高级职称人数平均占比为3.01%。其中，样本企业最高占比为33.28%，最低占比为0。

图1-3显示，中高级职称人数在全员中的占比，有10%的样本企业中无中高级职称人员，22.50%的样本企业中中高级职称人员比例不到1%，两类相加，近1/3的企业中，中高级职称人员屈指可数。同时，9.17%的企业中中高级职称人数比例超过10%，20.83%的企业中中高级职称人数比例在5%～10%，这两类企业占三成。由此看来，企业中中高级职称人数占比，出现两极分化现象：有些样本企业高度重视，广揽人才；而有些企业依然遵循传统发展模式，技术创新人才储备不足。

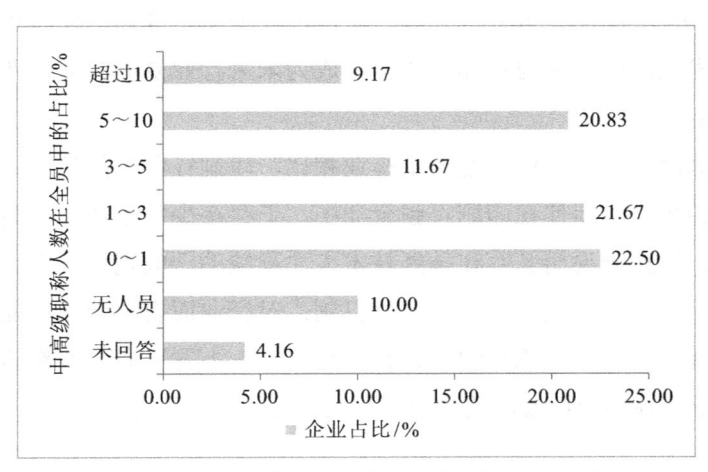

图1-3 中高级职称人数在全员中的占比（2022年）

从区域来看，中高级职称人数在全员中的占比，自高而低排序为中部地区、长三角、京津冀、西部地区、珠三角。中部地区排位居首，与个别企业中高级职称人数较多带动该区域比例上升有关；长三角的人才集聚相对较好，职称人数占比高于平均水平；珠三角的职称人数占比不高，虽然与样本企业体量普遍较大、员工人数众多稀释职称人数占比有关，但珠三角企业仍需重视员工整体素质的提高，以及高技术技能人才的储备与培养。

从企业性质来看，中高级职称人数在全员中占比由高到低，排序依次为国有企业、私营企业、有限责任公司、外资企业、股份有限公司。其中，在国有企业中的占比，远高于其他性质企业，如何充分发挥这些高技术人才的作用，是国有企业面临的课题；在私营企业、有限责任公司中的占比，高于平均水平，表明这些企业越来越重视技术创新与研发工作，逐渐调整粗放式发展的传统模式；而在外资企业中，高级职称人数占比一直较低，与部分外资企业将研发工作集中于总部、下属企业仅承担生产运营职能有关。

从业务类型来看，出版物印刷企业中的中高级职称人数占比，远高于包装印刷企业，出版物印刷企业有更好的专业技术人员基础。

动态比较两年变化，两年在库的样本企业在职工总人数减少的情况下，中高级职称人数微增1.43%；中高级职称人数在全员中的占比，也从2021年的2.62%，提升到2022年的2.77%。显示出在疫情困难期，样本企业并没有停止对技术人才的储备与培养，这也将成为未来行业复苏时期企业蓄势发展的强劲动能。

但总体而言，与其他制造加工行业相比，印刷行业中的技能人才偏少，是个不争的事实。即使在印刷百强企业中，仍存在少数企业无中高级职称人员的现象，这充分说明了存在技能技术人才稀缺的严峻现实。对企业而言，重视人才培养，系统建立培训与激励机制；对行业而言，疏通职业技能与专业技术发展管道，完善职称评审、晋升制度，大力发展职业教育培训，都是未来发展亟待补齐的短板，关系到产业创新能力的全面提升。

三、创新投入分析

创新投入，着重反映创新的人力财力投入情况、企业创新关键部门的建设情况、企业创新对外合作情况等，力求多维度描述印刷企业的创新推进程度。

1. R&D 占比

R&D（研发经费）占销售收入比重，用来测度企业创新投入强度。R&D 和人员是重要的创新资源，R&D 活动是企业科技创新中最为核心的部分，因此 R&D 占比是考察企业创新能力的最重要指标。

本次调查中，百余家样本企业 2022 年 R&D 占比平均为 3.09%。其中，R&D 占比最高的企业为 9.23%。从绝对值上看，百余家样本企业中，有十余家 2022 年的研发投入超过亿元，最高者超过 6 亿元。

按照国家认定的高新技术企业研发费用标准，最近一年销售收入在 2 亿元以上的企业，比例应不低于 3%，百余家样本企业的平均水平恰恰在此标准之上。而对比印刷业规上企业（年销售收入 2000 万元以上）的 R&D 占比，2021 年为 1.28%，也可看出样本企业的 R&D 投入相对更大，R&D 占比也相对更高，正率先大力度培育可推动自身高质量、持续性发展的动力源。

但从全行业来看，如果与其他工业行业相比，印刷业的 R&D 投入整体偏低。2021 年规上印刷企业的 R&D 总投入为 95.6 亿元，但计算机、电气机械、通用设备、专用设备等行业的年 R&D 投入超过 1000 亿元，医药、化工、黑色金属等行业的年 R&D 投入也超过了 500 亿元。印刷业在"十四五"时期的蜕变求新、转型升级，需要科技创新助力，也需要在 R&D 上加大投入力度。

图 1-4 显示了样本企业的 R&D 占比分布情况。可以看出，R&D 占比 3%～4% 的样本企业最为集中，33.33% 的企业居于这一阵营；R&D 占比 2%～3% 的企业，占比 16.67%；而低于 3% 的企业，占比仍近四成。

从区域来看，珠三角样本企业的 R&D 占比为 4.02%，长三角样本企业为 3.60%，这两个地区高于 3.09% 的平均值。其他地区的排序是中部地区、京津冀、西部地区，三地区均低于平均值。珠三角样本企业人员素质指标居后，但 R&D 投入指标居首，成为这一地区企业的显著特征。

从企业性质来看，除国有企业外，其他类别企业的 R&D 占比相当接近，均高于 3%。而国有企业的 R&D 占比为 1.86%，处于末位，国有企业拥有较好的员工素质与技术技能人员，但 R&D 投入强度居后，值得关注。

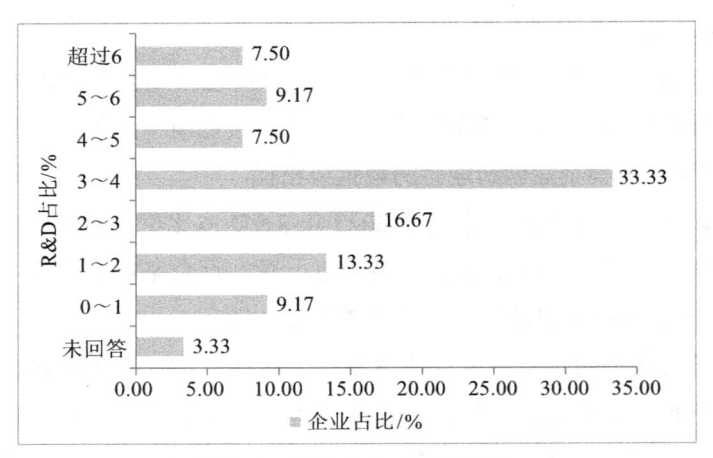

图 1-4 R&D 占比（2022 年）

从业务领域来看，出版物印刷企业的 R&D 占比为 3.93%，高于包装印刷企业的 2.84%，这个结果与往年迥异，表明除了部分包装印刷企业重视 R&D 投入的力度较大以外，出版物印刷企业在当下数智化建设的大背景下，R&D 投入力度也开始加大。

动态比较两年变化，两年在库的样本企业销售收入总额同比增长 0.43%，R&D 投入总额同比增长 13.15%，虽然经济形势不好，还是有部分样本企业顶住压力，坚持技术 R&D 的长项投入，为未来发展蓄势。细分来看，9.20% 的企业 2022 年 R&D 投入相比上年增长 100% 以上，21.80% 的企业增速在 20%～100%，两者相加，三成样本企业的 R&D 投入相比上年增加了 20% 以上；但也有三成多的企业，R&D 投入相比上年有所减少。R&D 投入力度的不同，从长期发展来看，或许也将成为企业分化的一个要素。

2. 人均教育培训费用

人均教育培训费用，是指企业每年为每位员工平均支出的教育培训费用，用于员工的岗位培训与后续教育，可视为企业员工综合素质提升的考查指标。

本次调查中，百余家样本企业的人均教育培训费用为 556 元，最高的企业人均教育培训费用超过 1 万元，但也有企业无教育培训费用支出。

图 1-5 显示，样本企业中，5.83% 的企业无教育培训费用支出；17.5% 的企业，全年每位员工的教育培训费用不足 100 元，两者之和为 23.33%。这意味着，样本中近 1/4 的企业无教育培训费用或教育培训费用很少，对员工的岗位培训与后续教育处于缺失或较少建设状态。

人均教育培训费用/元

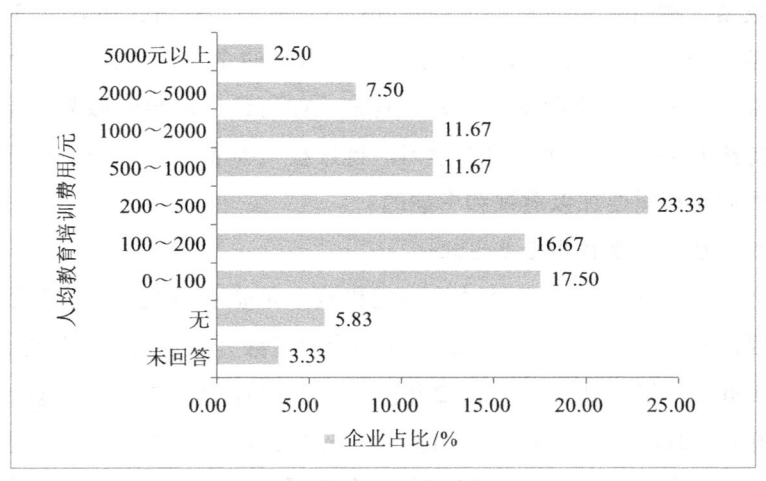

区间	企业占比/%
5000元以上	2.50
2000~5000	7.50
1000~2000	11.67
500~1000	11.67
200~500	23.33
100~200	16.67
0~100	17.50
无	5.83
未回答	3.33

图 1-5　人均教育培训费用（2022 年）

有 23.33% 的企业，每位员工的教育培训费用在 200～500 元，这是样本企业教育培训费用占比最大的区间。而人均教育培训费用超过 1000 元的企业，仅占样本企业的 21.67%。

从绝对量上看，样本企业大多拿出几万元、几十万元进行员工教育培训；每年肯拿出 100 万元以上的企业，占全部样本的 1/5；而拿出超过 500 万元进行人才建设的企业，只有两家，相比上年减少。

相关性分析后发现，从地域来看，长三角、中部地区样本企业的人均教育培训费用基本相当，均在 1000 元以上；珠三角、西部地区样本企业人均教育培训费用较低。从企业性质来看，私营企业的人均教育培训费用遥遥领先，反而国有企业、股份有限公司居于末位，私营企业的危机意识、人才队伍建设赶超意识值得关注。从业务类型来看，出版物印刷企业的人均教育培训费用高于包装印刷企业。但总体来说，教育培训费用投入高低，更与每家企业的发展意识、战略目标、对人才的重视程度相关，与其所在地域、行业、自身收入规模等相关度有限。

动态比较两年变化，两年在库企业 2022 年人均教育培训费用为 554 元，而上一年为 595 元。这表明，在疫情冲击、努力复工复产的 2022 年，样本企业普遍收紧了教育培训经费，平均减幅在 7% 左右。细分来看，约 37% 的企业教育培训费用同比上年增加 10% 以上，44% 的企业同比上年减少 10% 以上，19% 的企业介于前两者间。如此看来，如何建立健全长效教育培训管理机制，持续开展有针对性的培训学习，持续提升全员素质，是企业在跨越不同经济周期时都需要加以重视和考虑的。

3. 拥有独立研发机构企业占比

企业设立独立开展研发活动的专门机构，是企业持续、稳定开展创新活动的重要保障。该指标从一个侧面反映出企业持续开展创新活动的能力。

图 1-6 中两图对比显示，2022 年样本企业中有 75% 的企业设有独立研发机构，相比 2021 年的 73.11% 有所提升，可见在印刷业的头部企业中，对科技创新的重视程度仍在逐年加强，企业内部研发组织机构的建制也在逐步完善。而事实上，印刷产业的科技创新成果，很多也确实出自这些头部企业所设的研发机构。

样本企业所办研发机构，最常见的有技术中心、研发中心、设计中心，一些大型集团设有研究院；部分企业会建设多家研发机构，甚至在其他国家、地区设点，组织协同创新。这些研发机构均单设人员与编制，脱产研发人员最高能占企业职工总数的 16%，有企业拥有上千位专职研发人员。

从研发机构所属级别来看，除了企业级、集团级，多家企业设有市级、省级企业技术中心、工程技术研究中心、工业设计中心等；更有企业发挥技术引领作用，成立了国家级企业技术中心。

在研发机构的创建上，样本企业也有一些新的探索，如劳模创新工作室、校企联合创新中心、专家工作站直至院士工作站等，努力协同多方力量进行技术攻关。

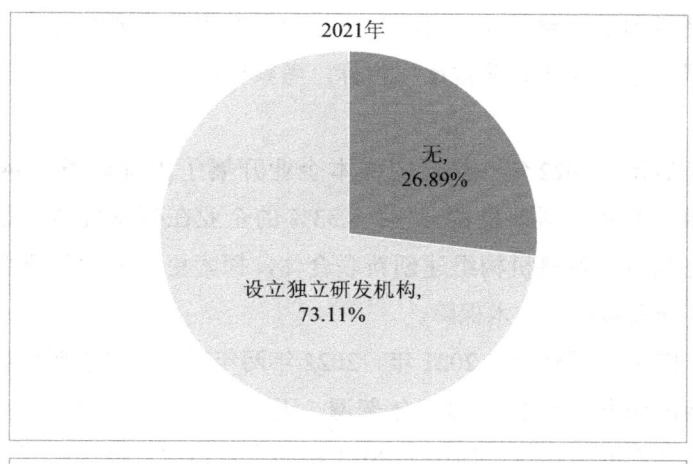

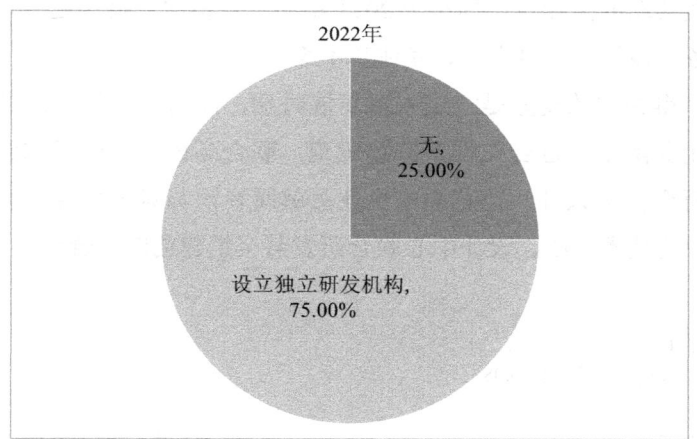

图 1-6　拥有独立研发机构企业占比（2021 年、2022 年）

从地域来看，长三角样本企业设立研发机构的最多，84.85% 的企业设立了独立研发机构；从业务类型来看，包装印刷企业中设立研发机构的情况，比出版物印刷企业更为普遍；而从企业性质来看，不同类型样本企业设立独立研发机构的占比比较接近，也就是说，是否设立独立研发机构，与企业所属性质并无强相关关系。

4．开展产学研合作企业占比

合作创新是指企业与其他企业或机构共同开展技术创新活动，以充分获取创新信息，实现创新资源的有效利用。当今世界，合作创新已成为企业开展技术创新活动的重要方式，而产学研结合是其中最主要的形式。我们通过分析"开展产学研合作企业占比"指标，考察印刷企业创新的开放性与资源利用程度。

图 1-7 显示，2022 年，80% 的样本企业开展了内部研发；54.17% 的样本企业选择与高校、科研机构合作；8.33% 的企业在研发机制上更前进了一步，通过与高校、科研机构组建创新联合体，探索更紧密的科研合作方式，为企业的创新发展提供技术保障。

不过，图 1-7 所显示的 2021 年、2022 年两年对比，可以明显看到，2022 年样本企业的研发活动不如 2021 年普遍，无论自主研发还是合作研发，2022 年开展研发活动的企业占比均小于 2021 年的企业占比，疫情之下，企业更为紧迫的任务，显然是恢复生产、稳住基本盘。

另一值得关注的现象是，进入新发展时期，面对高质量发展的新挑战，头部印刷企业除了通过合作创新持续抢跑，联合高校、科研机构建立长期稳定的产学研合作关系外，也有样本企业另辟蹊径，与设备厂商联合研发，或与终端用户的技术中心、设计中心联合研发甚至组建创新联合体。

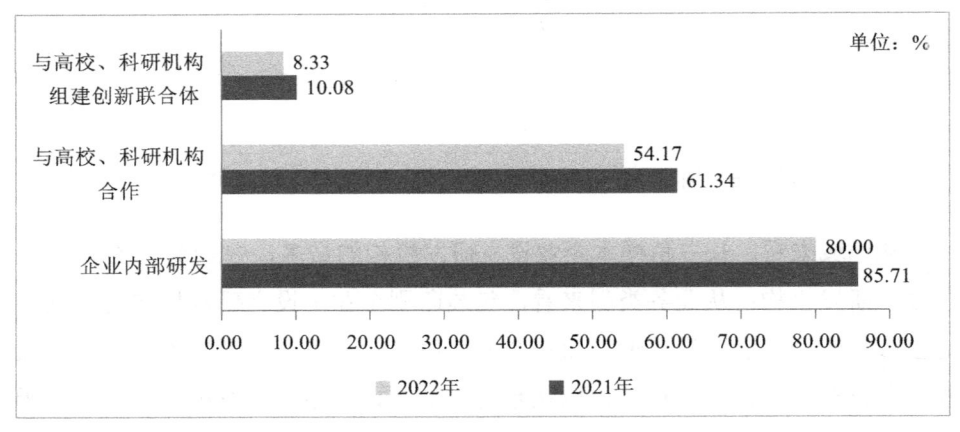

图 1-7 开展产学研合作企业占比（2021 年、2022 年）

5. 有创新活动企业占比

有创新活动的企业所占比重，是用来考察创新活跃度的指标。

图 1-8 显示，2022 年，样本企业中 4.17% 的企业无创新活动，1.67% 的企业未回答，94.16% 的样本企业存在各种形式的创新活动。相比 2021 年，可以看出无创新活动的企业占比有所增加。

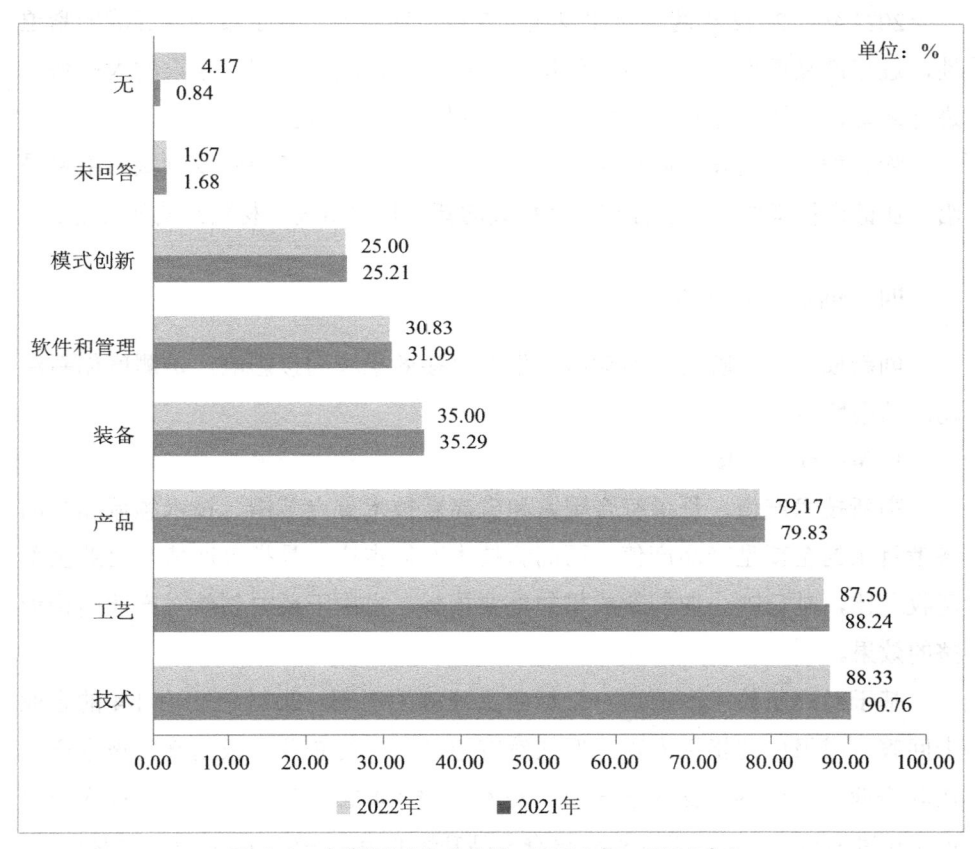

类别	2022年	2021年
无	4.17	0.84
未回答	1.67	1.68
模式创新	25.00	25.21
软件和管理	30.83	31.09
装备	35.00	35.29
产品	79.17	79.83
工艺	87.50	88.24
技术	88.33	90.76

单位：%

图 1-8 创新活动企业占比（2021 年、2022 年）

对比来看，2021 年，全国 41 万余家规上工业企业中，有产品或工艺创新活动的企业占比为 55.5%；印刷业 6010 家规上企业中，有产品或工艺创新活动的企业占比为 52.5%。样本企业作为印刷业中的头部企业，持有 94.16% 的占比，仍不愧于旗舰企业的称号。

本次调查中，创新活动分为技术、工艺、产品、装备、软件和管理、模式创新等项。图 1-8 显示，2022 年样本企业的创新方向集中在技术与工艺，近九成的企业致力于此；产品创新紧随其后，也有近八成的占比。与此同时，有近两到三成的样本企业部署装备、软件和管理、模式创新这几个方向的研发。当然，有不少样本企业会平行推进多方向的创新活动。

2021年、2022年两年对比发现，在疫情肆虐期，基于市场保卫战的紧迫性，进行产品研发的企业占比保持稳定；同时，面对数智化建设的大趋势，进行装备、软件和管理研发的企业占比也基本保持稳定。

除了如上的研发方向外，一些样本企业拓展了更多的研发领域，主要是沿产业链进行延伸，如进行与产品相关的新型材料研究、材料结构研究等。

四、创新成效分析

创新成效，反映创新活动所产生的直接效果和间接影响，是测度创新活动的结果性指标。

1. 高新技术产值占比

高新技术产值，是指符合国家和省高新技术重点范围、技术领域和产品参考目录的全新型产品产值。而高新技术产值占比，是指该产值与企业全部营收之比，是反映企业创新成果的重要指标，也用于反映创新对产业结构调整的效果。

基于对高新技术产值这一指标定义理解的不同，2023年仍有1/4的企业未回答，或报出此指标为零。但依然有超过一半的企业，报出高新技术产值在其企业营收中的占比大于50%；更有超过1/4的企业认为其高新技术产值占比超过80%，可见这些企业对自身产品升级的信心与努力。如图1-9所示。

分析高新技术产值占比大于50%的样本企业的共性特点，它们在提高产品技术含量和附加值、由普通功能型向特殊功能型产品升级、为客户提供一体化服务解决方案等方面，普遍进行了多种探索，有的样本企业已形成较为成熟的商业模式。

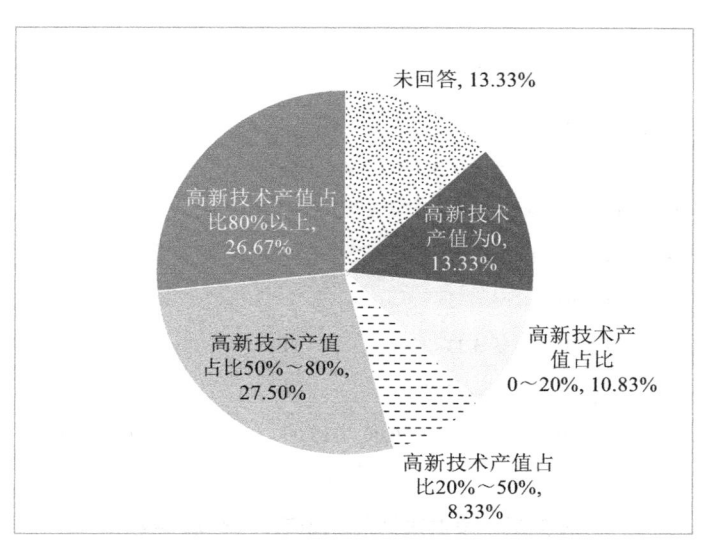

图 1-9　高新技术产值占比（2022 年）

2. 专利拥有情况

专利授权数，是创新活动中间产出的又一重要成果形式。该指标也是反映研发活动的产出水平和效率的重要指标。

专利包括发明专利、实用新型专利、外观设计专利。其中，发明专利是 3 种专利中，唯一涉及实质审查过程的专利类别，需具备新颖性、创造性和实用性才能通过审查授权。因此，发明专利的技术含量最高，创新性最强，是反映专利质量的关键指标，在本创新报告中也会专门分析。

（1）专利授权量

本年度创新报告中，样本企业平均拥有的专利授权量为 94 件。拥有专利数量最高的企业，已超过千件。

具体来看，如图 1-10 所示，样本企业中，5% 的样本企业无专利建设，专利授权数为零；拥有专利授权数量在 11～30 件、31～50 件的企业占比比较接近，均在 25% 左右；拥有专利授权数量在 51～100 件、101～200 件的企业占比，分别为 15% 和 16.67%；同时，还有一成企业拥有的专利授权数量超过 200 件。

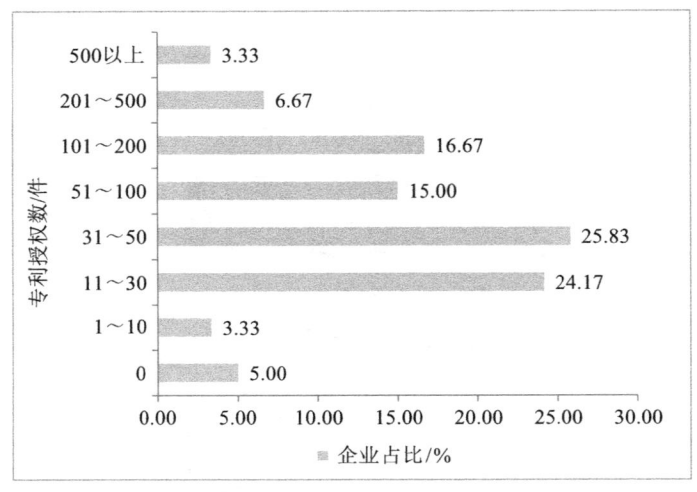

图 1-10 专利授权数企业占比（2022 年）

从区域来看，样本企业平均拥有的专利授权数量，珠三角最高，中部地区最低，排序依次为珠三角、长三角、京津冀、西部地区、中部地区。珠三角样本企业的平均专利授权数量为 164 件，是中部地区企业的 5 倍。

从企业性质来看，股份有限公司平均拥有的专利授权数最高，为 231 件，远远高于全部样本企业 94 件的均值。其他类型企业均低于均值，排序为外资企业、有限责任公司、国有企业、私营企业。其中，国有企业平均拥有的专利授权数为 42 件、私营企业为 39 件，仅为股份有限公司的 1/6。国有企业虽拥有较高的学历人数与职称人数占比，专利产出却不高。

从业务类型来看，包装印刷企业平均拥有的专利授权数为 94 件，混合印刷企业为 90 件，出版物印刷企业为 29 件。出版物印刷企业是各业务类别中专利数最少的，个别企业尚未开展专利建设工作。

动态比较两年变化，两年在库的样本企业，2022 年专利授权数同比增加近 800 件，增速 9.32%。相比上年，专利授权数年增量有所减少，增速有所下降。但仍有企业高度重视专利建设工作，专利拥有量上了一个新的台阶。以 2023 年的百强榜首深圳市裕同包装科技股份有限公司为例，2022 年相比上年新增专利 245 件，年度增长率超过 25%，至 2022 年底，裕同的专利拥有量已突破千件，为 1207 件。

（2）发明专利授权量

观察样本企业的专利授权量，其中发明专利占比 13.85%，实用新型专利占比 76.89%，外观设计专利占比 9.26%。由此看来，实用新型专利为样本企业所拥有的最主要专利类别，超 3/4 专利为此种类型。

2021 年，全国工业规模以上企业的发明专利申请，占专利申请总数的 35.24%；印刷业规模以上企业的发明专利申请，占专利申请总数的 18.25%。由此看来，发明专利占比低，是印刷业相比于很多制造行业的特性之一，既与这个行业的原创研发水平相关，也与这个行业的加工、服务属性相关。

不过，我们可以同时观察另一个指标：2021 年，全国工业规模以上企业平均拥有的有效发明专利为 4.14 件，印刷业规模以上企业平均拥有的有效发明专利为 1.66 件。而我们所调查的样本企业，平均拥有的有效发明专利 2022 年为 13 件，高出规上企业近 7.8 倍。作为印刷行业的头部集团军，样本企业高度重视创新研发与发明专利申请，也取得了突出的成绩。样本企业作为行业科技创新引擎，正在持续发挥作用。

细分来看，如图 1-11 所示，样本企业中，无发明专利的企业占比 19.17%。对比图 1-10，可以看出有相当一部分企业有实用新型专利和外观设计专利，但无发明专利。发明专利授权数为 1～5 件的企业，占比最高，达 36.67%，超过 1/3 的样本企业属于这个类别。发明专利授权数为 6～10 件的企业占比为 14.17%，11～20 件的企业占比为 15.83%，两类企业占比三成。而发明专利授权数多于 20 件的企业，占比仅一成多；其中发明专利授权数超过 100 件的企业，占比 3.33%，这些企业，同时也是专利授权数居前的企业，可见企业高度重视研发和专利工作，肯投入更多资源在技术进步和产品升级上，储备持续创新的动能和韧性发展的后劲。

动态比较两年变化，前面我们已经分析过，两年在库的样本企业 2022 年专利授权数相比上年增长 9.32%，其中，发明专利件数增长 23.18%，实用新型专利件数增长 6.85%，外观设计专利件数增长 12.17%。发明专利件数增长最快，是个可喜的现象，表明样本印刷企业开始重视高质量专利的研发与申请工作。

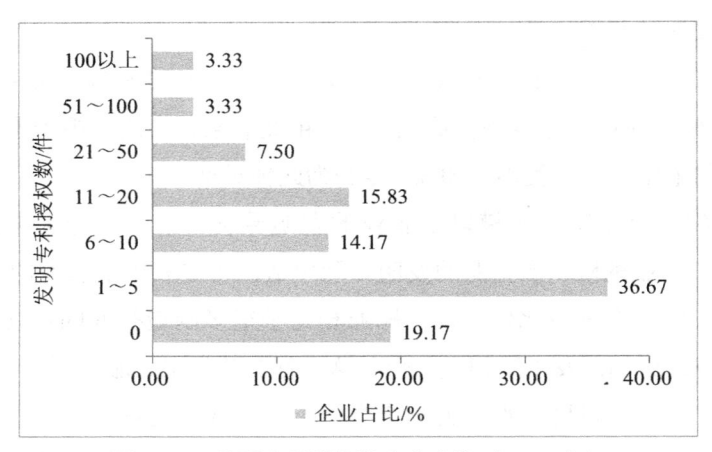

发明专利授权数/件
- 100以上: 3.33
- 51~100: 3.33
- 21~50: 7.50
- 11~20: 15.83
- 6~10: 14.17
- 1~5: 36.67
- 0: 19.17

图 1-11　发明专利授权数企业占比（2022 年）

（3）软件著作权等知识产权拥有量

本次调研，同时对样本企业的软件著作权等知识产权拥有情况进行了统计。图 1-12 显示，45.83% 的企业无软件著作等知识产权，相比上年的 47.06% 略有减少。

拥有软件著作权等知识产权的样本企业中，拥有 1~5 件的企业占比为 23.33%，两成多企业属于这个类别；拥有 6~10 件、11~20 件、21~50 件的企业占比均不足一成；而拥有 50 件以上的企业占比未到 6%，这些企业多集中在票据印刷企业，以及拓展数字化应用的综合性印刷企业中。

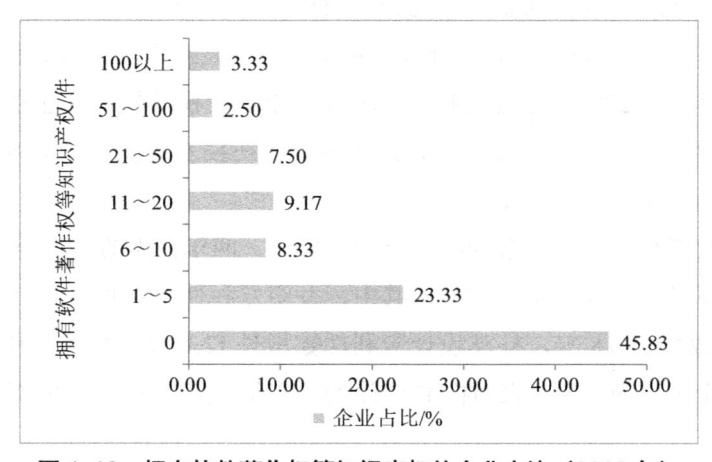

拥有软件著作权等知识产权/件
- 100以上: 3.33
- 51~100: 2.50
- 21~50: 7.50
- 11~20: 9.17
- 6~10: 8.33
- 1~5: 23.33
- 0: 45.83

图 1-12　拥有软件著作权等知识产权的企业占比（2022 年）

3. 人均销售收入

人均销售收入，既可以反映生产效率，也可以反映企业销售收入与创新能力发展之间相互依存、相互促进的关系，可以用来考察创新活动对企业发展的综合效果。

本次调查中，样本企业的人均销售收入均值为 110.32 万元。对比来看，2022 年，印刷业规模以上企业的人均主营业务收入为 92.56 万元，样本企业的平均水平，是规模以上企业的 1.19 倍。

图 1-13 显示，样本企业人均销售收入的分布情况。其中，5.83% 的企业人均销售收入在 50 万元以下；35.83% 的企业在 50 万～100 万元，26.67% 的企业在 100 万～150 万元，处于这两个区间的企业最多，合计超过六成；人均销售收入进入 150 万元以上的企业，占样本企业的三成，其中更有近一成的企业达到了 300 万元以上，效率指标堪称标杆。

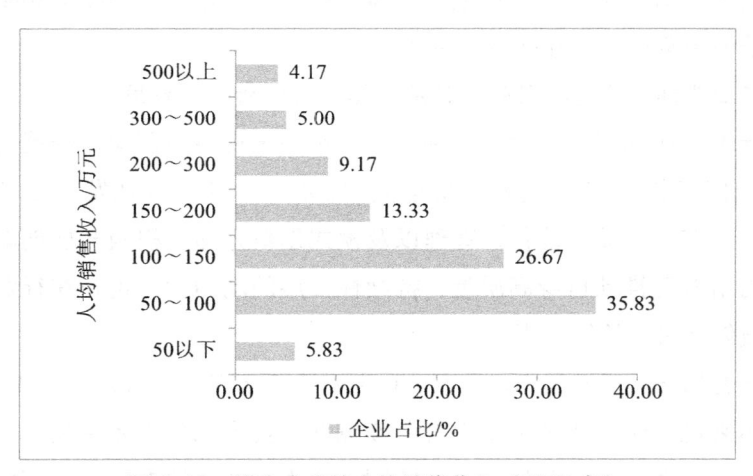

图 1-13 样本企业的人均销售收入（2022 年）

动态比较两年变化，两年在库的样本企业，人均销售收入由 2021 年的 105.21 万元，提升至 2022 年的 110.86 万元，增速为 5.37%。对比其销售收入 0.26% 的增速，表明样本企业在通过减人达到增效的目的。

五、结论

本年度"中国印刷产业创新发展报告"相比上年，样本量保持平稳，样本数据质量有所提高。由 10 个指标所构筑的创新指标体系，多维度、全方位记录了 2022 年样本企业的创新发展情况，可借此了解中国印刷业创新图景与演变发展的进程。

1. 2022 年相比上年，营收规模基本维持稳定，创新动能着重蓄势

2022 年为疫情期第三年，全年经济运行受到国际形势、国内疫情、高温干旱等多重超预期因素反复冲击，整体运行态势偏弱，样本企业销售收入虽总量较上年持平，但个体企业有升有降，呈现总量平稳、局部分化加剧的特征。在此局面下，样本企业坚持培育创新动能，虽减员但保持学历人数稳定、职称人数微增；虽盈利承压但保持研发投入增长，专利建设稳步推进。不过，为了应对困难局面，稳住基本盘，样本企业也做了必要的调整，如收紧教育培训经费投入、降低研发活跃度等。

2. 行业头部企业坚持引领，持续发挥科技创新引擎作用

以样本企业为代表的行业头部企业，更加重视科技创新，普遍配有专业人员和专门机构，R&D 投入平均达到 3% 水平，开始重视发明专利申请，在技术、工艺、产品、装备、管理以及模式创新方面，积极开展创新研发活动，大力培育可推动自身高质量、持续性发展的动力源，也正在行业中持续发挥科技创新引擎的领头雁作用。

3. 与其他产业门类相比，印刷业的创新要素偏弱，创新产出偏低

整体来说，印刷业员工受教育程度偏低，技术创新人才稀缺，企业研发投入不足，研发创新活动偏少。而印刷企业也需要尽快补齐创新短板，重视人才培养，增加教育培训费用，加大技术研发力度，提升创新对企业和产业发展的贡献度。

4. 从地域来看，长三角、珠三角印刷企业创新活动更为活跃

长三角印刷企业更为重视创新要素培育，企业人员素质较高，对员工的培训力度更大，研发投入较多，设立独立研发机构的企业较多，创新成果已相对突出。

珠三角印刷企业虽然在人员素质和培训力度上不及长三角印刷企业，但研发投入强度、专利授权数量等指标居于各地区之首，创新活动更为活跃，创新成果更为突出。

5. 从企业性质来看，股份有限公司领航创新发展，私营企业奋起追赶

股份有限公司在专利授权数量上遥遥领先，显示出在创新研发上的绝对优势地位；但私营企业有强烈的危机意识与追赶意识，从人才建设入手，教育培训费用投入居于首位，正在努力积蓄发展后劲；相比而言，国有企业虽然拥有较好的人员素质、较高的技术技能人才比例，但研发投入强度、教育培训费用投入额、专利水平等排位居后，国有企业如何充分激发创新动能，提高创新产出，需要引起重视。

6. 从业务类型来看，包装印刷企业研发活动开展更为活跃，但出版物印刷企业已开始追赶

包装印刷企业更多设立独立研发机构，研发活动更为活跃，专利成果也更为丰厚；相比之下，出版物印刷企业虽然员工整体素质更胜一筹，有更好的专业技术人员基础，但创新成果较少，专利产出不多，不过 2023 年调研显示，其 R&D 占比首次高于包装印刷企业，表明出版物印刷企业在当下数智化建设的大背景下，R&D 投入力度也开始加大。

7. 印刷企业越来越重视协同创新，聚合内外部资源推动创新发展

从外部来讲，印刷企业广泛借助高校、科研机构、设备厂商甚至终端客户等资源，建立长期稳定的合作关系，助力企业提升创新水平，产学研合作比例较上年又有提升；从内部来讲，一些大型印刷集团构建了多层级、分类别的研发体系，甚至将设计、研发机构设到海外，整合协同全集团创新资源，培养企业发展新动能。

第二部分
创新引领篇

2023年是全面贯彻落实党的二十大精神的开局之年，是实施"十四五"规划承前启后的关键一年。印刷业要锚定规模效益稳步提高、产业结构持续优化、创新能力明显增强、区域布局更加均衡、国际合作拓展深化的远景目标；以新发展理念为引领，持续深化"绿色化、数字化、智能化、融合化"发展，善于在危机中育先机、于变局中开新局。

绿色践行。环保理念深入人心，绿色生产由"选择题"变为印刷企业的"必答题"。第二章的案例企业为环境保护不断努力，在减排、减碳目标驱动下，材料研发、工艺改造、产品创新等多措并举，印企绿色化发展蔚然成风。新时代背景下，绿色化转型是责任，更是印企壮大自身、焕发活力的全新机遇。

数字转型。随着信息技术高速发展，印刷也正步入"数字时代"，将数字思维应用到数字技术中，是第三章案例企业在数字化转型中的共同理念。数字经济的影响逐渐开始从消费端转向产业端，在数字技术的助力下，印刷生产精益高效；在数字化体系赋能下，印刷企业管理积极务实；在数字化服务推动下，印企与顾客实现"双赢"。数字化是手段、是方法，以数字化促进企业高质量发展才是最终目的，印刷企业数字化转型仍然在路上。

智能制造。5G时代，重构与革新成为印企发展新态，工业互联网的应用将继续推动"中国制造"迈向"中国智造"。第四章案例企业聚焦产业升级关键环节，以控制系统数字化、印刷生产自动化、质量监测实时化为重点，推动印刷生产智能化发展，提高印刷设备整体使用效率、激发生产效能。在新的历史浪潮中，印刷业的未来有更多想象空间，印企更加重视以技术驱动降本增效，印刷业在智能化转型中探索可持续发展之路。

融合启新。随着全球化进程深入，各行各业竞争压力不断加剧，创新逐步成为印企的又一核心竞争力。在新趋势下，第五章案例企业更加注重跨界融合与多元化发展，积极探索"印刷+"的创新模式，力求实现产业协同发展。在多元一体的行业体系中，案例企业从印刷出发，在科技创新、技术研发、产品设计上齐头并进，将服务延伸至印刷之外。从传统到现代、从过去到未来，他们不断探索"万物皆印"的无限空间。

是变局，更是机遇，新的发展理念正深刻影响印刷行业的发展方向与创新实践。印刷企业必须不断创新和变革，拥抱绿色化、数字化、智能化和融合化的发展趋势，同案例企业一同，勇做践行新发展理念的开拓者。

第二章　绿色践行

上海鸿洋：打造零塑料包装箱，推动包装产品创新

为什么包装上市企业的市盈率普遍较低？这是个值得所有包装企业深度思考的问题，而不是单单一句"包装这个行业比较传统"就可以搪塞过去的。

一、包装行业价值链的延伸

对市场来说，企业的成功与否很大程度上取决于其创造的价值。而在大多数人眼中，包装行业仅仅是一个生产加工型行业，简单来说就是"客户让企业做什么，企业就做什么"。

在这样短暂的业务流程中，企业往往并不能触及客户的核心需求，企业价值链也相对短小。我们都知道，价值链的长短决定了企业在供应链上的地位及议价能力，这是市场运行亘古不变的铁律，而这恰恰又是广大包装企业亟须解决的根本问题。

在传统业务模式下，包装在流通过程中主要承担着产品识别、产品装载、产品保护等基础功能。但伴随着市场经济的不断发展，消费者不再只满足于物质生活的丰富，而是开始进一步追求更为充实的精神生活。也正因如此，为了寻找情感和心理上的认同，个性化产品逐渐成为当下年轻消费者群体的"心头好"。

与此同时，由于互联网技术的发展，尤其是移动互联网的普及，用户的消费模式已经发生了巨大的改变，而疫情的来袭也进一步加剧了这种转变。数据显示，2021年中国人的在线消费额度已达社会消费品零售总额的27%。

在线消费已经发展成为当前市场中一股不可逆的浪潮。

除了这些因素，国家"双碳"政策的落实、5G技术的发展等因素也对品牌包装的发展产生了不可忽视的影响，用户开始更加中意绿色环保、防伪可溯源的产品。产品识别、装载、保护等原始功能已远远不能满足市场对产品包装的追求，品牌也期望着能够借助包装为产品赋予更多内涵与价值。这些都是包装企业实现自身价值链延伸的宝贵机遇。

二、上海鸿洋的包装创新

上海鸿洋包装科技有限公司（以下简称上海鸿洋）作为一家品牌包装解决方案提供商，一直以来都在思考如何通过包装实现产品价值的延伸，进而为广大品牌客户，特别是新锐品牌实现包装赋能。针对客户日益增多的产品需求，上海鸿洋始终秉持个性、环保、智能的产品研发方向，履行"通过创意创新的包装解决方案，帮助品牌实现市场目标和财务目标"的企业使命。

2020年春节前夕，上海鸿洋为雅诗兰黛集团旗下美妆品牌MAC与热门游戏"王者荣耀"的联名活动设计了一款专属礼盒。

为突出两大品牌的独特要素，上海鸿洋以"个性"为出发点。礼盒整体为五边形，而游戏中的五个主要角色则通过五个独立抽屉式小礼盒进行区分，契合了MAC品牌对于"个性"的强烈追求。

除外观设计之外，设计师还对五个角色的个性进行了总结提炼，并分别为其设计了个性化的语音和美术形象，并借助全新的生产工艺成功将角色语音和游戏音乐，通过编程软件与储存芯片收录于礼盒之中。当终端用户收到礼盒后，只要轻轻按下开关，便可以在激昂的音乐声中，欣赏到一场极具"王者"风范的光影表演，让礼盒"开口说话"。

接下来，用户只需要打开包装侧面的五个小抽屉，就可以看到核心的MAC产品组合礼包，并听到对应游戏角色的宣言语音，在更为凸显"个性"这一主题的同时，增加了包装本身的趣味性和交互性。而这款"MAC-王者

"荣耀"联名礼盒也因其独特的个性化设计和巧妙的声光电组合，自诞生之日起便牢牢吸引住了广大消费者的目光，一跃成为当时极具讨论度的产品。

除了包装的创意性与交互性之外，上海鸿洋也十分注重环保材料在包装领域的应用。

在国家加速推进"双碳"政策落地的大背景下，上海鸿洋的包装结构工程师于 2020 年成功设计开发出了一款零塑料电商包装箱——PFP®，该包装箱在申请到多项国家实用新型专利和国际专利的同时，还在 2021 年上海奢侈品包装展中获得了绿色革命大奖。

这款 PFP® 免塑箱在设计上采用了独特的榫卯结构，不但有效避免了塑料封箱带的使用，而且在实际打包装运的过程中，还可以通过密闭箱体保护箱内的产品。与上一代撕拉箱相比，该产品在打包效率方面可以节省一半的人力和时间，是一款真正符合当前环保理念的包装产品。

截至 2021 年底，PFP® 免塑箱已经成功在谭木匠、枫缇、素幸、黑兔、优时颜、阿丽娅等家居和美妆护肤品牌的产品中实现了量产应用，并获得了客户的广泛认可。

与此同时，上海鸿洋也在积极布局智能包装领域。上海鸿洋自 2021 年起便积极谋求和国内知名芯片制造商及国际行业巨头形成战略合作，共同开发基于 RFID 和 NFC 等技术的智能包装产品，并不断提升自身基于 SaaS 技术的数据管理云服务，在帮助品牌实现防伪溯源的同时，为实现品牌和消费者间更多互动和消费场景的构建进行技术积累。

在长期的探索过程中，我们发现个性、绿色、智能这三个看似毫无关联的产品特征，在实际的产品生产过程中是可以彼此结合、相互影响的。比如：智能技术的应用，能够为产品的个性化和绿色化提供强力的技术支持；而个性化的包装设计，也为智能化技术的应用提供了更广阔的设计空间。

或许在许多人眼中，"五感"感官的数字化可能还停留在"元宇宙"这一科学构想概念当中。但实际上，我们完全可以通过个性化的包装设计与用户实现五感上的互动。当前上海鸿洋的研发团队已经开始了诸多创新包装的设计，比如运用局部 UV 印刷工艺实现包装上的盲文印刷，利用香味油墨印刷开发有嗅觉个性特征的新包装等。这些产品在部分品牌客户的支持下，已经开始了实际的市场试验，相信很快就可以为广大终端用户带来新的惊喜。

上海鸿洋所有的努力，都是为了探索延长包装企业价值链的新道路。因为我们坚信，价值链越长，企业便会拥有更强的生命力，才能够在激烈的市场竞争中求得发展先机。

（原载于《印刷经理人》微信公众号，2022 年 3 月 10 日）

国际济丰包装：印刷包装企业"碳中和"实践经验

国际济丰包装集团（以下简称"济丰包装"）是港股上市公司，总部位于上海，在环渤海、长三角及珠三角地区共有13个生产基地，主要制造及销售瓦楞纸包装产品，包括瓦楞纸箱、纸栈板、展示架、重型包装及特殊包装产品，也提供整体包装服务，以满足客户对一站式包装解决方案的需求。近两年，随着国家"双碳"目标的提出，各行各业都积极响应。济丰包装在"碳中和"的积极实践中取得了较显著的成绩。

一、"碳中和"的定义与实践类型

"碳中和"是什么？通俗来讲，当一个组织或一个产品在一定时空范围内排出的温室气体被节能减排、植树造林等形式抵消，就可称为"碳中和"。实施"碳中和"的步骤主要有以下4点：一是根据相关核算准则，对组织边界内产生的温室气体进行盘查，计算出总碳排放量；二是尝试更多的碳减排实施路径，尽力减少碳排放；三是对实在减无可减的碳排放量，可以通过碳资产管理公司或直接向业主购买碳汇来进行抵消；四是待合作方完成相应量的绿色环境权益的注销之后，实现"碳中和"。

国际上主要关注的温室气体有6类（CO_2、CH_4、N_2O、HFCs、PFCs、SF_6），在进行碳盘查和温室气体数据披露的时候，主要关注的组织边界是范围一的直接排放和范围二、范围三的间接排放。

其中，范围一的温室气体排放主要来自自有锅炉、自有设施和自有车辆；范围二的碳排放主要来自外购电力、蒸汽外购制冷等环节；范围三主要指企业或组织在运营中与上下游相关联的环节，如在采购运输、配送环节、废弃物的处理环节以及员工通勤等过程中产生的碳排放。

当下，各个行业的"碳中和"实践主要有四种类型：一是以某个典型产品的全生命周期为边界的"产品'碳中和'"；二是以某场活动的组织和举办为周期的"活动'碳中和'"；三是以生产制造和运营环节为边界的"组织'碳中和'"；四是涵盖了整个范围三的"供应链'碳中和'"。济丰包装一直以来坚持实现的"碳中和"实践主要以范围一和范围二为组织边界，现在已经开始尝试与上下游进行沟通，希望未来能实现"供应链'碳中和'"。

二、"碳中和"的具体实施策略

早在 2009 年，济丰包装就在天津排放权交易所完成国内第一笔基于自愿减排机制下的"碳中和"交易，抵消了 2008 年 1 月 1 日至 2009 年 6 月 30 日的 6266 吨碳排放，成为国内首个自主实现"碳中和"的制造企业。济丰包装拥有绿色发展、坚持环保的基因，从 2009 年至 2022 年，是国内唯一一家连续 13 年实施"碳中和"的包装企业。十三年来，济丰包装累计中和的碳排放量是 40.88 万吨，相当于种植 2283 万棵树、增加 4.5 万亩的森林。

2021 年，济丰包装的碳排放强度比 2020 年下降了 13.72%，比 2009 年下降了 31.98%。通过在下属工厂持续采取有效的减排措施，济丰包装的纸板纸箱产量同比增加，但碳排放强度在同比减少。

为了实现"碳中和"，济丰包装具体是如何做的？主要体现在以下三个方面。

1. 盘查、核查碳排放量

济丰包装在各个下属工厂都成立了"碳中和"小组，每年都会梳理相关活动，计算温室气体的总排放量，建立温室气体的盘查清单，并取得了 ISO14064 的查证声明。在进行碳排查和第三方碳核查时，济丰包装主要依据的是 ISO14064-1《组织层面上对温室气体排放和清除的量化和报告的规范及指南》和 ISO14064-3《温室气体声明审定与核查的规范及指南》。

2. 尝试更多碳减排实施路径

在减排方面，济丰包装主要通过安装屋顶光伏发电系统、推广使用可再生的清洁能源、技术改造，以及安装节能设备等科技手段进行节能增效和降耗。在日常的生产和运营中，济丰包装应用绿色工厂的标准来指导生产，同时加强员工培训，提高其各方面的素质，发挥人的作用来促进环保。

3. 购买碳信用、发布报告、注册"碳中和"商标

对其他减无可减的排放量，济丰包装每年通过购买碳信用来进行抵消。济丰包装通过每年发布《环境、社会及管治报告》，披露集团的温室气体减排数据，接受社会和公众的监督。因为坚持实施"碳中和"，济丰包装很早就注册了"碳中和"商标，并且和网易、资生堂、天猫等多个客户达成长期合作，在为其供应的纸箱上印制"碳中和"商标，可以帮助客户追溯纸箱在生产制造环节的碳减排量。

三、"碳中和"的实践成果

通过实施"碳中和"，济丰包装自身受益良多。在生产管理方面，济丰包装通过应用 RFID 软件的芯片进行原料管理，应用设备自动维护保养系统，采用中央订单处理中心的集团化管理，最终实现了生产管理水平的显著提升；在生产效率方面，济丰包装通过应用自动化、智能化、连线化的生产设备，实现了生产效率的提升；在包装方面，济丰包装通过遵循减少、再利用、回收及降解原则（3R1D），避免了过度包装，与客户一起实现包装材料和包装方案的革新和创新；在推广清洁能源方面，济丰包装通过采用光伏发电设备，实现了用电量的节约，推动低碳排放运营；在人才培养方面，济丰包装通过集团内部生产培训以及海外访问进修等举措，保证员工素质和能力的不断提高。

实施"碳中和"是济丰包装自愿承担的一项社会责任，在实践过程中，也为其赢得了许多荣誉成就和行业认可。2021 年 7 月，济丰包装因为在绿色减排和维护低碳供应链方面的贡献，在生产和回收环节实现循环利用，以及在技术创新和运营管理方面的典型性等，荣获"2021 全球瓦楞行业大奖"金

奖。2021年11月，济丰包装获选由人民网、中华环保联合会、生态环境部宣传教育中心共同主办的第二届绿色经济发展论坛"2021碳中和典型案例"。

此外，济丰包装积极在多个平台上分享其"碳中和"经验，比如2021年中国纸包装产业链合作大会、BSI第四届万物互联智慧高峰论坛等，同时还参与发起了"中国制浆造纸行业全产业链双碳行动计划"。

未来，济丰包装将继续致力于在"碳中和"道路上不断探索前进，期望有更多的印刷包装企业也能够逐渐加入"碳中和"的实践，一起携手奋进，共同拥抱绿色的明天！

（原载于《印刷经理人》微信公众号，2023年1月17日）

快乐包：以环保产品打造快递包装领域新生态

以研发创新为核心驱动力，快乐包时刻践行绿色品牌理念，以环保产品打造快递包装领域新生态。

近年来，伴随着电商行业的飞速发展，消费市场对快递包装的需求与日俱增，诸如废弃物污染、过度包装等环境问题越发凸显。在限塑令、"双碳"战略等国家宏观政策的引导下，包装的绿色化、轻量化逐渐成为广大印刷包装企业探索的重要方向。

作为一家以提供绿色环保、高效循环使用包装解决方案为核心的企业，成立于2016年的江苏新乐心包装科技有限公司从市场核心需求出发，围绕电子商务与物流仓储领域，精心打造了全新绿色环保包装品牌——快乐包（Happy Pack），以此为广大品牌商提供更为环保的各类包装产品。

一、以产品践行环保理念

对快乐包而言，优质的产品不仅是企业的立身之本，更是其践行环保理念的最佳载体。为了提升产品质量，自品牌创立以来，快乐包一直持续对各种环保包装及相关辅材进行深度研究与创新，成功开发了多款引领行业发展潮流的专利产品，"快乐包2.0波浪双面胶"便是其中的经典代表。

这款胶带具备极强的初黏力和持久性，使用者只要施加一定的压力即可实现稳固黏合。同时，这种材料可以同时经受极寒与极热（-40～80℃）等环境因素的干扰，而不降低其黏性，进而在纷乱复杂的运输过程中，确保快递包装整体的稳定和安全，杜绝类似"自动开箱"等情况的出现。更重要的是，这款胶带在坚固耐用的同时，使用起来还十分轻便，将其应用于纸箱包装（图2-1）上，可以极大地缩短打包与拆封所需的时间，处理速度是传统透明胶带的3倍以上。由于这款波浪双面胶易于快速剥离，终端用户在收到快递后，无须寻找其他工具，只依靠提示信息即可轻松开箱，进一步提升了消费者的使用体验。

当然，波浪双面胶等专利产品的成功，并没有让快乐包停止创新研发的脚步。2017年7月，在既有研究成果的基础上，快乐包秉持"每个快递纸箱回归绿色"的理念，通过进一步将环保元素与快递包装相融合，成功开发出了"快乐包3.0全撕拉纸箱自带胶纸箱"，并在创新材料的设计应用方面实现了新的突破。

相比之前的产品，这款纸箱在胶带的应用方面采用了全新的全生物降解技术。这种全生物降解撕拉胶除了具备用量省、黏度高等优势之外，其最大亮点就在于颠覆传统透明胶带的环保特性。

作为快乐包精心研制的新一代环保材料，全生物降解撕拉胶完全由可降解材料制作而成，不仅使用方便，在撕扯时也不会在包装表面留有任何痕迹。与不易处理的传统胶带相比，快乐包3.0全生物降解撕拉胶可以填埋在土壤中，通过一系列无污染的有机反应，一年内便可有效降解为水和二氧化碳，其间不会产生其他残留，是一款真正环保的包装材料。

图 2-1 可撕拉纸箱

多年来，快乐包先后推出了多种革命性的纸箱可撕拉开箱方案，产品范围涵盖普通纸箱、拉链纸箱、环保缓冲包装、纸箱打包系列胶带等主要门类。在硬实力方面，快乐包拥有一套完善且成熟的生产加工体系和技术支撑系统，而企业能够拥有如此强大的产品迭代能力，更加离不开背后核心研发团队的支持。

快乐包十分重视产品研发团队的培养，其主要部门的成员普遍具备30年以上的产品设计与研发经验。正是因为拥有这样一支综合实力强劲的研发团队，快乐包才能够更为清晰地把握行业发展趋势，推动一款款优质环保快递包装方案的诞生。

同时，强大的生产设计能力，为快乐包包装定制业务的发展打下了坚实的基础。根据客户物品的大小与形状，快乐包为包装产品设计更为便捷的开箱位置，撕拉处也可进行定制化处理，进而满足客户对产品的各种需求。

二、以创新引领发展方向

快乐包认为，满足各层次消费者的需求，避免客户审美疲劳的产生，这恰恰是企业创新研发的根本所在。

自2020年以来，疫情的暴发深刻影响了现代人的消费习惯，越来越多的人开始习惯甚至依赖线上消费，对产品的需求也越发多元化、轻量化。针对当前这一市场趋向，快乐包坚持走差异化发展路线，针对不同层次的消费群体研发更具针对性的包装产品。

比如，为满足当前老龄人群对医疗保健和医药产品的需求，快乐包将进一步以提高产品安全性为核心，不断拓展易于老龄人群使用的绿色纸箱包装方案；面对市场中逐渐占据消费主体地位的年轻、单身群体，针对其频繁且单次购买量少的特点，快乐包将以方便携带、尺寸较小的绿色纸箱包装方案作为研发重点，满足其对小份商品的包装需求。在提升产品市场吸引力的同时，快乐包也将继续践行绿色环保理念，通过持续降低二级材料的辅助成本，进一步推动电商包装领域的绿色化进程。

除此之外，在国家宏观政策的指引下，快乐包以推动低碳包装新理念的践行为己任，在不断优化现有纸箱产品内部结构的同时，进一步加强可持续绿色环保材料的研发应用。

当前，快乐包正在进行有关光氧化降解 BOPP 封箱胶带材料加速分解的技术研究。作为一种环保技术，BOPP 氧化式生物分解技术可以在 2～5 年不等的产品周期内实现薄膜产品的自然分解。产品被丢弃之后，有关废弃物大面积暴露在空气中与紫外线之下，在高温环境中，通过压力与微生物的双重作用，最终被分解成含碳有机分子结构，并作为微生物的食物与养分来源回归自然，实现环境零污染。

企业想要取得长足的发展，离不开创新的支持。快乐包深知，推进快递绿色包装是一个复杂的系统工程，这需要大家共同的努力。未来，快乐包将继续以推动快递包装"绿色革命"为己任，为广大消费者带来更多优质的环保包装产品。

（2022 年创新十强，原载于 2022 年第 3 期《印刷经理人》杂志）

格洛博：以低碳环保理念，引领智能标签行业可持续发展

以独特的纸基 RFID 智能标签天线产品为核心，通过开展产学研深度合作，持续探寻智能标签行业的绿色发展新可能。

近年来，我国数字化转型基础不断夯实，大数据、人工智能、云计算、区块链等新一代信息技术创新能力大幅提升。RFID 标签作为现代智能系统重要的信息载体，也被越来越多地应用于各个领域。温州格洛博电子有限公司（以下简称"格洛博"）是一家从事无线射频标签天线生产的高新技术企业，长期专注于 RFID 标签的创新研发工作。在领先市场的经营理念与强大技术实力的保障下，格洛博凭借独特的纸基 RFID 标签天线技术，在智能标签行业开辟出了一条独特的"可持续发展"之路。

一、以低碳环保理念引领企业转型

格洛博成立于 2009 年，主要从事 RFID 蚀刻天线代工业务。随着企业的发展，格洛博逐渐意识到了自主创新的重要性。面对通信电子这样一个产品高速迭代的行业，创新是企业发展的根本，如果一家企业缺乏自主创新能力，只是专注于底层业务，那么就永远无法掌握话语权，并终将因为落后的理念与生产模式逐步被市场淘汰。

得益于企业初创时期的积累，凭借自身对于市场前景的了解与把握，格洛博很快就完成了企业定位的转变，于 2013 年起正式由生产加工型企业向技术研发型企业转型。但谁又能想到，就是这样一家成立不到 5 年的企业，却在此时迈出了极为大胆的一步。

彼时，我国正在积极推动绿色印刷战略的实施。随着印刷绿色化的理念越发深入人心，越来越多的印刷包装企业逐渐认识到了绿色环保对企业未来发展的重要性，开始了绿色化领域的探索。

"我们认为，对于绿色化这一概念，虽然行业整体仍处在初期探索阶段，但随着进一步的发展，这一概念必然会成为每家企业不可回避的一个问题。同时，未来市场对环保问题的越发关注，也将为我们谋求进一步发展，实现'弯道超车'提供机会。"格洛博董事长方钦爽如此介绍道。

RFID 标签通常以铝箔、塑料为主要材料，通过印刷蚀刻的方式在塑料薄膜的基底上构筑微型射频天线元件，并将其与 RFID 芯片绑定黏合形成应答器，进而实现物流追踪、智能防伪等功能。这种工艺本身具备生产便捷、技术成熟等优点，但由于其大都以 PET 材料为基材，自然降解能力低下，特别是嵌入服装吊牌内部后，不可避免地出现被消费者随手丢弃的情况，长此以往极易造成白色污染。

出于对行业绿色化发展趋势的把握以及技术储备的考量，格洛博于 2014 年正式将"开发更为环保的纸基 RFID 智能标签"作为企业未来的重点研究方向，并由此开始了漫长的技术攻关。

二、以产学研模式助力科研创新

起初，格洛博的研发之路走得并不顺利。除了印刷工艺之外，纸基 RFID 智能标签天线的研发还涉及高分子材料、信息通信等尖端的多学科交叉领域，而格洛博在相关领域的积累还较为薄弱，因此研究进程十分缓慢。"因为涵盖多领域的专业知识，所以在技术研发过程中需要我们解决的难题可以说是层出不穷。特别是在攻克一个技术难点时，往往一个小小的参数调整就可能导致整个生产工艺流程再次出现不可预知的变化。"

在整个研发过程中，如何保证产品的稳定一直是格洛博试图解决的核心难题。"基于本身的特性，纸张这种材质极易受到周遭环境的影响。特别是在潮湿、低温等环境下，随着纸张纤维结构的改变，标签中的电子器件极易出现位移，进而影响整个 RFID 标签的性能。为此我们也进行了诸多尝试，可一直都未能取得满意的结果。"

而该系列产品的成功之处在于，除了具备智能防伪、可降解等基础功能之外，这款标签更是兼顾了品牌商对于环保与美观的追求。从生产工艺的角度出发，传统 RFID 智能标签主要由离型纸、PET 基材、电子天线以及面纸等结构组成，用黏合剂将电子天线元件固定在面纸与塑料基材之间，在保持结构稳定的前提下，发挥其传输信号的作用。

而格洛博纸基智能标签则是将无线射频天线直接成型并黏合在木纤维材质的离型纸与面纸之间，如图 2-2 所示，整个 RFID 标签生产环节无须应用任何塑料基材，在真正实现产品的循环利用与自然降解的同时，极大地降低了企业的生产成本，碳排放强度显著减少了约 40%。

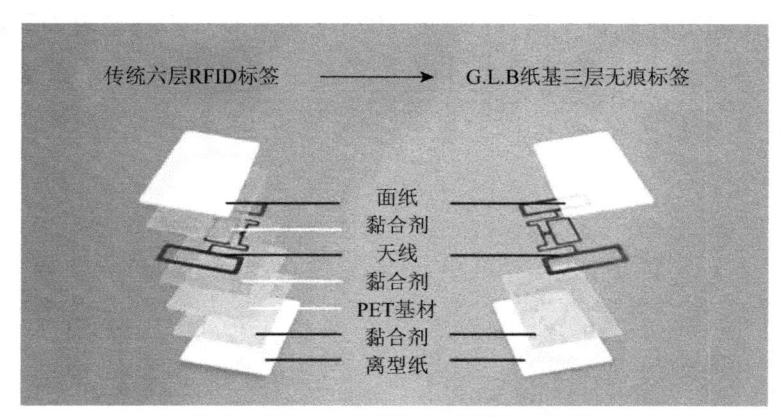

图 2-2　传统六层 RFID 标签与格洛博智能标签对比示意

除此之外，纸张与塑料相比更具"可塑性"，能够更加柔顺地贴合在包装表面，确保包装整体的统一感，进一步帮助品牌商实现产品附加值的提升。

有了第一代产品的成功经验，格洛博对未来的发展更是踌躇满志。"经过测试，我们的纸基 RIFD 标签产品可以承受 0～40℃的环境变化。接下来我们将着重于提升产品的稳定性，使其能够经受极寒、暴雨等更为恶劣的使用环境，以此拓宽纸基 RFID 智能标签的应用领域及范围。"

自公司成立以来，超前的市场洞察力及对技术创新的执着一直都是驱动格洛博不断前行的原动力。为了进一步提升自身技术研发实力，格洛博在原有专业研发团队以及射频标签天线技术研究中心的基础上，于 2022 年 2 月与浙江理工大学龙港研究院联合组建了绿色印刷包装材料及智能制造技术浙江省工程研究中心，专注于印刷包装材料以及智能信息技术的研发。

而这份创新的不懈追求，也让格洛博先后获得了浙江省中小企业科技创新基金企业、国家高新技术企业、浙江省专精特新中小企业等荣誉称号。

对格洛博的未来，方钦爽表示："从长期角度来看，RFID 智能标签在服装、快递物流、航空行李装运等领域还潜藏着极大的市场需求和应用空间。面对这一广阔的市场，我们将在提升产能的同时，继续坚持低碳环保的发展理念，以更为优质的产品助力行业绿色化发展。"

（2023 年创新十强，原载于 2023 年第 3 期《印刷经理人》杂志）

诚德科技：打造"包装未来"计划

打造"包装未来"计划，积极发展"数字印刷+可回收材料+可降解材料"，重塑塑料软包装的全新未来，是诚德科技的企业战略方向。

诚德科技股份有限公司（以下简称"诚德科技"）是一家坐落于浙江省温州市龙港，专业研发生产中高档食品、药品、日化品等软包装材料的包装印刷企业。

在2021年"中国印刷包装企业100强"排行榜中，诚德科技以6.5亿元产品销售收入、2.5亿元利润总额，首次上榜并名列第63位。作为一家软包装企业，单从2020年的市场表现来看，近年来频繁出台的各项环保政策和疫情的来袭，对这家企业的发展没有丝毫影响。公司创始人王道德始终坚持的企业初心，也许正是这家企业持续成功的秘诀所在。

一、以真诚之心，行道德之事

诚德科技中的"诚德"二字，顾名思义，分别取自"诚信"与"道德"，代表了王道德创办企业的初心，即"以真诚之心，行道德之事，为行业与用户提供高质量的软包装产品"。

"诚德科技"成立初期，在王道德的不断钻研与学习下，用较差的设备，印出质量上乘的产品，收获了一众好评，这也令王道德坚定了信心。"市场需求是刚性的，只要做好产品研发，保证质量，一定大有可为。"

之后的诚德科技便以迅猛之势成长与壮大，经历了4次厂房的扩建搬迁（图2-3）；工业产值突破1亿元用了12年，但工业产值突破6亿元仅用了9年；通过了世界500强企业沃尔玛、亨氏等品牌的第三方验厂；2015年在"新三板"挂牌；先后获得"中国包装百强企业""中国塑料包装30强企业""国家高新技术企业""温州市龙头骨干型工业企业"等荣誉称号。

图 2-3　诚德科技工厂大楼

二、为环保包装升级助力

在王道德的努力推动下，将"以真诚之心，行道德之事"的初心，融入企业发展的方方面面，这也体现在诚德科技对环保技术的高度重视。

近年来，关于印刷包装企业绿色环保的呼声很高。为了适应新形势下的印刷生产需求，诚德科技也对生产工艺和车间进行了环保改造。如将废气处理设施从 UV 光氧＋活性炭处理改成了 RTO 处理，大大提升了废气处理率；将车间密闭，印刷机台每色组加装折叠门，提升了废气收集率并减少了无组织排放。

然而对一家主要从事软包装生产的企业来说，这些改造更侧重于生产环节。随着国家限塑令政策的升级，社会对于"推动生物可降解材料产业发展"的呼声越来越高，以及国家"碳达峰""碳中和"目标的提出，"打造'包装未来'计划、积极发展'数字印刷＋可回收材料＋可降解材料'、重塑塑料软包装的全新未来"，也成为诚德科技的企业发展战略。

当然，推动软包装产业的"可回收""可降解"之路并没有那么好走。复合软包装作为塑料包装的一种，大多采用不同材料（如 PET、PA、EVOH、OPP 等）复合而成，这些材料难以逐一分离，因此回收率极低，而已有解决方案如裂解、溶剂分离等，还处在试运行或小规模试验阶段，距离规模化、商业化还有很长一段路要走。

为了彻底解决这一矛盾，诚德科技通过对材料、工艺、设备的不断研究和测试，积极解决部分复合软包装层间分离问题。通过相关设备配合新材料，可使复合膜中的阻隔材料 PA 和热封材料 PE 分离，从而使阻隔膜的回收利用成为可能。

同时，诚德科技"省级研究院"通过对 PE 的刚性、抗拉伸性进行改善提升，可以实现对 PET、PP、PA 等薄膜材料的替代，使一部分复合软包装结构（如 PE/PET、PE/BOPP 等）变为单一材料结构，在提高可回收循环利用效率的同时，也能有效降低碳排放。

除此之外，诚德科技还斥巨资引进德国 HMDOPE 可循环材料生产线项目。在环保包装领域，诚德科技已有两项技术获得了国家发明专利，在软包装可回收可降解方面已经走在国内前列。

诚德科技"包装未来"计划中，还少不了数字印刷的身影。2020 年 4 月，诚德科技投资引进了温州地区首台 HP Indigo 20000 数字印刷机，以满足分销渠道平台客户日益多样、频繁的小单量、个性化的需求。该设备在个性化定制、按需印刷和灵活设计等方面具有一定优势，如可以让每瓶可口可乐包装都不一样，其印刷速度快和无须制版的实力，也让产品交付周期大大缩短。

三、抗击疫情，增产口罩

如果说诚德科技的环保包装转型，是打造"包装未来"的升级发展之举，代表着企业的战略方向，那么抗击疫情、增产口罩，则是诚德科技无心插柳之举，但此举既是企业发展的灵活应变能力的体现，也是"以真诚之心，行道德之事"的另一种呈现。

对于口罩生产，诚德科技具有天然的优势，一是 KN95 口罩的结构与形状与某些包装袋十分类似，诚德科技的模切工艺完全可以用得上；二是诚德科技拥有 10 万元级无尘净化车间，符合口罩生产的卫生安全环境标准。

而诚德科技的研发团队实力雄厚，他们在接到任务后，经历三天三夜不眠不休的奋战，攻克了技术难关，改造出了第一台折叠式口罩机。随后，他们又快马加鞭地改造了 13 台设备。通过整个团队的不懈努力，诚德科技"中健乐"口罩成功列入美国 EVA-FDA 白名单企业，获得欧盟 CE 证书、国家医疗器械（二类）注册和生产许可证以及通过 ISO13485 体系认证，并列入商务部出口医疗物资生产企业白名单。

诚德科技的口罩业务是在特定形势下发展而来，占整体业务的比例较低。而随着疫情形势变化以及口罩生产领域竞争的加剧，口罩市场的需求量与发展前景皆不确定。

在谈及未来规划时，王道德表示："做口罩不单单是为了企业盈利，更为了承担社会责任。因为疫情发生后，国内的口罩供给量严重不足，而温州拥有医疗许可证的口罩生产商更是几乎没有，作为社会企业为医用市场作生产性保留是必要的。"

无论是软包装的环保改造，还是疫情下的口罩生产，诚德科技在发展中一直秉持"诚德"二字，不断创新发展。面向未来，诚德科技依然会坚持"以真诚之心，行道德之事"的企业初心，竭力打造"包装未来"计划，积极向着"数字印刷＋可回收材料＋可降解材料"的企业战略方向不断发展，为重塑塑料软包装的全新未来贡献更多力量。

（2021 年创新十强，原载于 2021 年第 5 期《印刷经理人》杂志）

合肥丹盛：实践 ESG 的先行者

合肥丹盛率先提出"零碳工厂"建设目标，以切实行动成为行业 ESG 实践的先行者。

ESG 是英文名词环境（Environment）、社会（Social）和公司治理（Governance）的缩写，于 2004 年联合国研究报告中首次提出。事实证明，履责 ESG 程度如何，不仅直接决定企业能否实现可持续经营，还会对企业的社会地位、投资评估、发展质量等产生影响。

随着科技进步和社会发展，我国越来越重视企业社会责任和可持续发展，ESG 理念也日益成为市场和社会的关注焦点。鉴于民众有需求，大客户有要求，由董事长卢思满、总经理孙建怡、副总经理陈莉领军的合肥丹盛包装有限公司（以下简称"合肥丹盛"），顺势而动、踔厉奋发，实现 ESG 走在前列。

一、E——打造"零碳工厂"

合肥丹盛率先提出"零碳工厂"建设目标，以三项基础工作和九个减碳项目推进。

三项基础工作是制定"零碳工厂"建设进程，明确瓦楞纸箱生产节能减碳要素，进行碳排放核查。建设进程起于 2022 年，止于 2060 年，按年份标明碳排放的降低幅度。节能减碳要素明确由管理节能、公用节能、设备节能、工艺节能、能源替代五部分组成。

碳排放自我核查的结果是，2021 年碳排放总量为 96555.27tCO_2e、碳足迹为 1.4625kgCO_2e/kg；在碳排放的分布结构中，燃油为 1.2%、电力为 48.2%、蒸汽为 57.3%。

减碳项目之一：光伏发电

合肥丹盛纸箱厂已完成一期 1.43MW 厂房屋面分布式光伏发电项目部署，年发电量 150 万 kW·h，约占纸箱厂年用电量的三分之一，工厂享受八五折用电优惠，在减少电费的同时，获得了 1600 吨碳排放交易权；纸塑厂将完成二期 1MW 厂房屋面分布式光伏发电项目部署，预计年发电量 100 万 kW·h，约占纸塑厂年用电量的 20%，既能减少电费，还可获得 1400 吨碳排放交易权。

减碳项目之二：蒸汽余热回用

从 2023 年起，合肥丹盛通过设备及工艺升级，将纸板线生产后的蒸汽余热收集供纸塑工厂烘干线和溴化锂蒸汽制冷能源所需；热能回用的同时，每年还可减少 1500 吨的二氧化碳排放。

减碳项目之三：智能控温改造

优化瓦楞生产线蒸汽管道，在各个用汽单元节点增加温度传感器及控制单元，配合智能控温系统对各用气单元的温度进行精确控制，降低蒸汽损耗，改善纸板物理性能及平整度。

减碳项目之四：车辆改用新能源

合肥丹盛已将 5 台燃油叉车及抱车换成电动车，其余 6 台车也将弃油用电。

减碳项目之五：废水治理

采用"隔油 + 气浮 + 混凝沉淀 + 厌氧水解 + 水解酸化 + 接触氧化 + 二次沉淀"等工艺，使污水达标后排放，每天废水处理量达 50 吨。

减碳项目之六：VOCs 废气治理

收集各生产环节产生的 VOCs 废气，采用"活性炭吸附脱附 + 催化燃烧"的有机废气处理工艺处理，达标后排放。

减碳项目之七：废弃物处置

污水站配备了板框式压泥机，使污泥产生量明显下降；2022 年上半年，危险废物月均处置量为 16.18 吨；至同年第 3 季度，危险废物月均处置量为 10.87 吨，比上半年危险废物处置量减少 5.31 吨，降低 32.82%。

减碳项目之八：废纸回收

按照计划，不再将瓦楞纸板生产留下的废纸板、边角料打包出售，而是改作纸塑工厂制作纸浆模塑产品的原材料，既可取消原料浆板外购，又可避免废纸打包能源消耗，还可降低碳排放量。

减碳项目之九：创建节水型企业

已经完成了节水型企业的创建，合肥丹盛在经开区管委会委托第三方协助下，更换了6处腐蚀受损的供水管道阀门；喷泉排水由直排改为水泵抽排灌溉厂区绿化，将纸塑工厂建设纳入国家《海绵城市规划》，建造雨水收集池加以使用。

二、S——当好社会成员

合肥丹盛为员工营造适宜的工作、生活条件及公平的成长环境，与上下游供应商、服务商保持诚信、友好关系，满足产业链诸环节合理需求，使产供销始终处于平稳运行状态。

1. 提高员工福利

坚持"员工是公司最有竞争力的财富"的管理理念，通过职工代表大会听民意、征意见、解难题。每月举行员工生日庆祝会，每季度向员工发放福利；领导定期看望困难职工，送上慰问金。

2. 投身社会公益

多次救助周边流浪人员，参与周边社区慰问困难家庭活动，参加助农活动，采购并助销特色农产品等。

3. 生产绿色纤维模塑

高4层、建筑面积2万平方米的纸塑工厂即将投产，提供绿色代塑包装产品；计划2022年以纸塑包材替换属于化工性质的EPE（珍珠棉）包材，2023年将纸包装比例提高到70%，2025年EPE全部变为纸包装。

4. 智能化运营

以原有"安徽省数字化车间"为基础兴建智能产线，按顺序进行链接：由客户订单销售系统自动处理到PMC（生产与物料控制系统）自动优化派单,由排单自动生产到纸板产线与产品系统及生管系统,由纸板运转智能物流到印刷产线产品系统及生管系统,由模切产线产品系统及生管系统到粘箱产线产品系统及生管系统,由智能入库到电子看板及发货系统;智能产线与生管系统、智能化模组、AGV(自动导引车)系统、成品储运系统及自动寻址叉车等连成一体,实现了纸箱厂半成品和成品的无人化传输。

三、G——开展公司治理

经不间断教育、整顿,合肥丹盛形成了紧松适宜、严宽得当、张弛有序的可控局面,人人循规蹈矩、令行禁止,无乱象发生。

组建治理架构。既有总经理牵头的治理领导组,又有安全科长领衔的治理工作组,配备治理专员,聘请第三方技术服务机构协助治理,各部门参与治理。

签订自律协议。要求核心岗位人员及管理层签订《竞业协议》,知规定、明法纪、响警钟;要求各部门与相关方签合同时签订《廉洁协议》,形成亲清的政商和商商关系。

负责任采购。完善采购制度,以合规性评价与绩效考核供应商,设立《合格供方登记表》;优先采购经过FSC(森林管理委员会)认证声明的原纸,自己也同时完成对部分产品的FSC声明。

税收透明。长期奉行"诚信经营,依法纳税"的经营宗旨,连续多年纳税信用等级评价均获A级。

环境优美。厂区花团紧簇、绿荫掩映,室内布置典雅时尚。

到今天,合肥丹盛完成了CDP(碳披露项目)调查问卷、Ecovadis调查问卷和温室气体排放核查,已通过国际质量管理体系、FSC森林管理体系、国际环境管理体系、能源管理体系等资质认证,将通过ISO45001体系认证及VAP Audits,2030年前逐步完成可持续发展报告、科学碳目标、公开的温室气体减排目标、节水目标、废弃物减排目标等,为2060年前实现"零碳工厂"目标,扫障除碍。

作为行业 ESG 的先行者，合肥丹盛在推动环境保护、社会公益、合规治理方面创新实践的同时，整体业绩稳步提升，实现践行 ESG 与提升公司业绩的协同联动，形成具有鲜明特色的践行 ESG 与社会价值的模式。期待合肥丹盛在新时代新征程上，继续走在前列，助力行业高质量发展。

（2023 年创新十强，原载于 2023 年第 3 期《印刷经理人》杂志）

银金达：紧扣绿色创新，构建全产业链协同发展生态

聚焦绿色环保包装材料，银金达成功研发功能性聚酯薄膜产品，解决了被国外卡脖子的难题。

银金达创始于 1994 年，地处豫北大地的新乡市，是一个从小彩印厂起家的民营企业，历经近三十年的不懈打拼，现已发展成为拥有河南银金达彩印股份有限公司（以下简称"银金达彩印"）、河南银金达新材料股份有限公司（以下简称"银金达新材料"）、河南源宏高分子新材料有限公司（以下简称"源宏新材"）等 7 家子公司的现代化高新技术企业集团。

银金达专注先进功能包装膜材料的研发、生产和销售，是国内唯一一家实现从印刷到制膜再到聚合三个行业跨越，集聚酯原料生产、功能性聚酯薄膜制造、高端包装彩色印刷、聚酯再生循环利用为一体的全产业链集团，主导产品功能性聚酯薄膜市场占有率国内第一，是全球三大供应商之一，产品已出口到 60 多个国家和地区。总结银金达企业发展的历程，其根本就是坚持绿色引领和创新驱动，走专精特新发展之路。

一、坚持绿色环保包装材料，走专精特新之路

银金达成立之初便怀揣"精包细装、产业报国"的企业使命，多年来坚持把承担社会责任，为社会提供安全、环保、高品质的包装材料作为企业的价值追求。

为减轻普通油墨中脂溶性溶剂带来的环境污染，立足延伸产业链，完善产业链发展的需要，银金达彩印将发展易回收、可循环包装材料列入发展战

略，结合产品绿色化、生产工艺绿色化、用后处理绿色化、资源利用循环化的思路，确立从溶剂物理回收到轻量化易回收标签、可结晶标签、环保水墨等系列环保材料开发方向。

此外，银金达彩印成立专门环保水墨研发团队，开展环保水墨产品开发，实现了水性白墨替代溶剂型白墨，正在进行全色系环保水墨产业化，形成了对现有产业链的有效支撑。

基于对社会环保责任的承诺，许多食品饮料及日化用品企业要求实现标签与瓶体整体回收，但现有油墨系统不能在回收系统中有效脱除，残余油墨会大大影响回收瓶片的性能和质量。

银金达彩印基于上述问题，积极向产业链上游拓展，自主开发了易清洗油墨，在回收废旧聚酯过程中，印刷标签能够在一定条件下实现轻松脱墨。这为实现瓶、标同时回收提供了解决方案，彻底解决油墨色料给材料回收带来的困扰，确保废旧聚酯高质量回收和资源的充分利用。

二、研发功能性聚酯薄膜，填补多项国内空白

银金达在印刷领域完成持续性创新发展的同时，沿着包装材料产业链，纵深寻求新的突破增长点，最终于整条包装材料产业链上实现了业务延伸。

国家发展和改革委员会发布的《产业结构调整指导目录（2009 年本）》将"直接接触饮料和食品的聚氯乙烯（PVC）包装制品"列入淘汰类，近年来，节能减排和循环可持续发展逐渐成为塑料制品行业转型发展的方向，银金达紧跟时代发展步伐，抓住机遇率先开启了绿色环保包装材料的探索研发。

经过近一年的市场调研，该企业拜访了数十名行业专家、政府机构领导，经过层层筛选，银金达最终认为功能性聚酯薄膜（PETG）是非环保材料的理想替代品。

由于功能性聚酯的合成工艺和重要单体（CHDM）被美、韩公司垄断，银金达于 2010 年初筹建团队，成立银金达新材料，并辗转联络国内的功能性聚酯专家团队，多次上门拜访，和该团队积极探讨该产品的应用及前景，用诚心和执着与对方达成了合作开发协议，开始第一代产品的小试、中试。

经过两年的配方修改、工艺参数调整及反复试验，合作团队于 2012 年取得突破性进展，创新制备出独辟蹊径、绕开国外技术封锁、具有完全自主知识产权的 NPG 改性功能性聚酯原料，并于 2013 年成功开发了功能性聚酯薄膜产品，填补了国内多项空白，解决了功能性聚酯薄膜被外国卡脖子的难题，为中国企业提供了绿色、高品质、低成本的包装材料。

十余年来，银金达在创新研发上的脚步一直没有停止，各种实验设备、仪器价值已超过 1 亿元，在同行业中属一流水平。依靠强大的研发力量和设备，银金达新材料在探索及拓展 PETG 创新产品与应用领域等方面取得了巨大进展。

在掌握第一代功能性聚酯生产制造的基础上，先后开发出高印刷性能膜用功能性聚酯、低熔点膜用功能性聚酯、片材级和注（吹）塑级功能性聚酯等系列产品，共迭代升级了 6 代 PETG，大大拓宽了国产化功能性聚酯的应用领域。创新研发的超强记忆合金膜突破了不同材质界面相容性差、层间易剥离的技术局限，已申请 3 项发明专利，荣获中国建筑行业科技进步二等奖，使用此膜制造的防水卷材寿命由 5 年提升到 15 年以上，成功进入建筑防水领域。

2020 年，源宏新材紧跟国家循环经济发展战略，开始研发回收材料再生利用技术。2021 年 7 月在行业内成功开发了 30% 再生瓶片 rPETG 聚酯原料，且一次顺利生产出了 rPETG 薄膜，印制出了合格标签。可口可乐公司作为 2022 年北京冬奥会饮料产品独家赞助商，使用了银金达的 rPETG 再生标签，2020 年已批量采购并投放全国市场。

2022 年，源宏新材突破了 100% 再生瓶片 rPETG 聚合实验瓶颈，回收材料高附加值化同级应用研发依然走在国内的前沿，万吨级聚合生产线正在加紧建设中。

三、创新"银"领，共赢共生

十年间，银金达在彩色印刷、薄膜研发制造、原料再生利用等领域实现了多个从"0"到"1"的突破，完成了从创新型中小企业到国家专精特新"小巨人"企业再到国家单项冠军企业的跃迁。

银金达多年来的不懈努力不仅助力了我国包装印刷行业的快速发展，也得到了社会的关注和认可，先后荣获中国工业大奖表彰奖、国家专精特新重点"小巨人"企业、国家制造业单项冠军示范企业、国家工业产品绿色设计示范企业、国家级绿色工厂、国家知识产权示范企业、第二十三届中国专利奖、全国质量标杆、河南省头雁企业、河南省科技进步奖等各项荣誉及称号100余项。

道阻且长，行则将至。展望未来，银金达将继续坚持绿色引领、创新驱动发展理念，走专精特新之路，紧抓国家与河南省推动高质量发展的历史机遇，加强全产业链建设，按照"扩规延链建体系，强基布局增效益"的发展规划，通过开发新产品、新技术、新工艺，持续提升产品含绿量、含新量、含金量，做强聚酯原料、做优聚酯薄膜，做大绿色包装产业链，努力打造功能聚酯薄膜行业一流标杆企业。

跨越十年，初心弥坚。回首银金达发展之路，是"五年打基础、五年拓市场、十年磨一剑"的艰辛奋斗之路。作为国内包装印刷产业的一个开拓者、耕耘者，银金达将在这个产业链上继续开拓进取，坚守绿色引领和创新驱动，打造专精特新标杆企业。

（2023年创新十强，原载于2023年第3期《印刷经理人》杂志）

第三章 数字转型

捷迅佳彩：一家印刷企业的自我进化与创新

从商业印刷到童书出版，从传统印刷到数字印刷，从按需印刷到"百本精装"，从设备自动化到生产智能化，捷迅佳彩始终适应行业发展和时代变迁，不断自我进化与创新。

在创始人纪绍华的带领下，北京捷迅佳彩印刷有限公司（以下简称"捷迅佳彩"）的发展历史，就是一部印刷企业适应行业发展和时代变迁，不断自我进化与创新的历史。

捷迅佳彩大兴的厂房在一片规模并不大的印刷包装产业园中，工厂整体占地面积不大，只有3000平方米，却内置了多台对开四色印刷机、数字印刷设备，以及若干自动化书刊后道加工设备，在寸土寸金的北京，已经非常难得。在有限的空间承载更多的生产与周转，捷迅佳彩的秘诀就是"快进快出"。而要真正实现这一"快"字，靠的则是纪绍华几十年在行业打拼积累下的宝贵经验。

纪绍华与印刷行业的结缘，始于20世纪90年代初。彼时，在北京大型国企工作的纪绍华，见识到了南方正在飞速发展的印刷业。于是，他决定南下深圳，在一家港资印刷企业从普通员工干到生产副厂长，并在南方的先进设备、最新工艺、商业气氛的耳濡目染下，催生出自己创业的想法。

带着要"做出一番事业"的决心，纪绍华回到北京开始了创业之旅。经过几年的努力，2000年，捷迅佳彩正式成立。就这样，纪绍华坚持自己的梦想与事业，一路创新发展，迄今为止，已经20年有余。

一、从商业印刷到童书出版

在纪绍华创业之初，虽然也印制一些书刊封面，但主攻方向还是在商业印刷领域，产品主要为画册、广告单页等。然而到了 2006 年，电子商务逐渐兴起，让纪绍华产生了危机意识：网络正让纸质印刷品变少，说明书、产品手册等受到的冲击最大。

纪绍华坦言："当时我就感觉印刷品需求量要开始呈下降趋势，商业印刷难免受到波及，我们想寻找一个新的刚需落脚点。"由此，捷迅佳彩瞄准了出版领域，毕竟人们还是习惯读纸质书。

2000 年后的印刷市场，已经不像 20 世纪 90 年代初期那样商机遍地。随着市场竞争的加剧，经营者不得不转换观念，思考新的盈利模式，寻找附加值高的缝隙市场。因此，在切入出版印刷市场之时，纪绍华选择进入了一个独特的细分领域——儿童出版物。

不同于其他图书细分领域，儿童出版物的市场需求在当时虽然占比不高，但增长很快。更重要的是，儿童出版物对印刷工艺和产品质量的要求极高，带来的附加价值也不低。事实证明，纪绍华的选择是对的。经过多年的开拓与进取，儿童出版物的生产与加工已然成为捷迅佳彩最响亮的标签。总体而言，捷迅佳彩生产的产品 90% 是儿童出版物，儿童绘本、精装书日产高达 4 万本。

二、从传统印刷到数字印刷

深耕书刊印刷领域多年，纪绍华慢慢发现，很多出版社客户的订单开始转向小批量、定制化、多频次。2018 年，纪绍华认为："是时候重新关注数字印刷技术了。"

"重新"二字，代表了纪绍华的一段往事。早在 2002 年，捷迅佳彩成立之初，纪绍华也曾尝试用数字印刷开拓新领域并成立公司，但当时网络环境不成熟、设备折旧高、门槛逐渐变低，不能形成批量柔性化生产，发展到最后只剩下简单粗暴的价格战，2007 年收回投资后，数字印刷公司就被卖掉了。

虽说上次的投资经历并不算成功，但这并不妨碍纪绍华再次进军数字印刷领域。在他看来，这一市场已经"万事俱备"，只差购买合适设备的东风。2018年11月，在盘点了市面上所有适合书刊印刷的数字印刷设备后，纪绍华一次性引进两条喷墨智能生产线；2019年5月，为满足客户超短版印量需求，捷迅佳彩又引进了全亚洲第一台智能自动印刷、胶装一体机，可实现一分钟出书、本本不同的按需生产……就这样，捷迅佳彩在数字印刷领域不断投资加码，在短短的两三年间，投资就超过5000余万元。

纪绍华的判断不错，其在数字印刷设备上的大手笔投资，很快就换来了回报。截至2021年，捷迅佳彩可实现日产数字精装书1万本、数字胶装书2万本、数字骑订书2万本，数字印刷装订服务已覆盖40余家知名出版社。

三、从按需印刷到"百本精装"

近年来，随着出版行业库存压力加大、互联网技术的不断升级，以及国产高速喷墨印刷设备的快速崛起，按需印刷成为行业热点，一时间进入者众多。然而转型数字印刷的捷迅佳彩，面对市场的热潮，依然保持着自己独立的判断，力图在"短版精装"（图3-1）业务领域杀出一片天地。

图3-1 捷迅佳彩印制短版精装图书

"短版精装"，在捷迅佳彩又被演绎为"百本精装"。"百本精装"，顾名思义，就是百本数量级别的精装图书印刷。别小看捷迅佳彩这"百本精装"

的概念，在市场上能实现短版图书印刷的企业本来就为数不多，还能实现精装生产的企业就更加凤毛麟角，而将订单数量缩减到百本级别，实现难度可想而知。

"相较于长单来说，短单更不好做。因为短单意味着更多品种和更多工序，意味着生产管理和流程控制更加精细化，转版时间更短，综合能力要求更强。"纪绍华解释说。为了实现"百本精装"的目标，仅凭自动化的设备是远远不够的，还需要有一套行之有效的智能化生产管理流程，捷迅佳彩在这方面早就做好布局，智能工厂的建设也呼之欲出。

四、从设备自动化到生产智能化

对纪绍华本人来说，"百本精装"更像是一个试验。在他心中，有一个更大的梦想，那就是"让更多年轻人愿意回到工厂"。

如何吸引年轻人回归？纪绍华的解决方案就是智能工厂。"用软件管理驱动智能设备、优化生产流程、降低成本、给员工提供好的生产环境，既是大势所趋，也是形势所迫。"纪绍华说道。一方面，将更加自动化的设备嵌入生产线，代替人去完成高强度、高复杂性乃至有危险的劳动，将是印刷业迈向智能制造的重要一步。自动化设备不仅能降低员工的劳动强度，还能提升工作的准确度，节省许多成本。另一方面，他从近二十年的印刷厂经营经验中深刻感知，劳动力成本逐年上升，员工日益难招，工序多且质量不稳定。

对智能工厂的建设，捷迅佳彩有着天然的自动化优势。从电子文件到码放整齐的书帖，再从书帖到一本本装帧精美的书籍，纪绍华重金引进的数字印刷和印后设备在提升效率、降低成本等方面发挥了重要的作用，也是"百本精装"目标实现的基础所在。

智能制造，除了生产过程需要智能管控，延伸数据的智能管控更是关键部分，排产调度系统是印厂的核心。捷迅佳彩的自动化流程可以基于系统传来的数据，监控整个生产过程并对调度系统进行优化，找出最节省成本的调度方法。

捷迅佳彩正逐步通过云计算控制系统形成 JDF 数字化流程管理语言，实现各分项生产系统数字化、标准化模式运作。因此，捷迅佳彩可为客户提供"从一到万""线上线下"的多方位服务，满足客户的按需生产要求，有效降低库存并保证高质量、高标准、准时交付，实现了价值双赢。

五、创新始终在路上

其实，无论是儿童出版物市场的开拓，还是数字印刷设备的引进、智能化生产流程的打造，抑或"百本精装"概念的提出，捷迅佳彩都是为了一个目标，那就是将更专业的、更精美的、更标准化的产品呈现到客户面前。

为了实现这一目标，捷迅佳彩仍在不断创新发展。如依托数字印刷和精装书的生产优势，捷迅佳彩推出新业务——照片书（精装纪念册）。其照片书装帧工艺与翻阅体验都可与正式出版物的精装图册无异，且封面厚实柔软、蝴蝶装内页平整不弯曲。捷迅佳彩的 DIY 照片书微信小程序"竹马时光 ZumaTime"也正式上线使用，使普通消费者也能享受到制作专业级精装相册的机会。

从商业印刷到童书出版，从传统印刷到数字印刷，从按需印刷到"百本精装"，从设备自动化到生产智能化……捷迅佳彩不断创新发展的背后，是纪绍华敏锐的市场观察能力和一以贯之的坚持与决心。展望未来，捷迅佳彩在纪绍华的带领下，仍将矢志不渝地专注于儿童出版物生产、专注于数字印刷领域的发展、专注于"百本精装"市场的开拓、专注于智能化工厂建设，开辟出一条企业不断创新发展、自我进化的成长新路径。

（2021 年创新十强，原载于 2021 年第 5 期《印刷经理人》杂志）

鹏宇祥：乘势而上，打造互联互通的一体化数字工厂

从自身需求出发，鹏宇祥打破各生产环节间信息壁垒，以数字工厂建设为开端，推动企业转型升级。

近年来，在以互联网、大数据、云计算为代表的数字技术与印刷产业深度融合的过程中，印刷行业从未停止过对数字化的探索脚步。印刷包装作为传统劳动密集型产业，企业长期面临着原材料及人力成本上升、生产效率低下等问题的困扰。特别是在疫情期间，随着生产经营压力的不断加剧，越来越多的传统印刷企业开始尝试并拥抱数字化。

在行业发展趋势以及数字化浪潮的推动下，致力于医药包装设计、研发与生产的淄博鹏宇祥包装印务有限公司（以下简称"鹏宇祥"）果断抓住机遇，通过与海德堡开展合作，积极推动数字化工厂建设，实现了企业内部生产信息的串联与处理，在切实提升企业生产效率的基础上，成功迈出了数字化转型的重要一步。

一、传统印刷模式的弊端

无论何时，质量和效率一直都是企业的核心追求。据鹏宇祥总经理侯金宇介绍，之所以决定开展数字化转型，除了因为设备老旧导致的效率低下之外，主要还是为了解决传统生产模式带来的效率问题。

"当时，我们主要是依靠工单进行产品印量、尺寸等订单信息的传递，但这样的生产流程不仅工序烦琐，需要耗费大量人力完成工单填写工作，实际

过程中还极易出现错漏等问题。除此之外，最终的统计报表也是由专人依据工单手动录入管理系统的，其间缺乏对数据科学有效的分析，单一的数据汇总很难对企业后续生产流程的优化发挥积极作用。"

实际上，早在 2014 年，鹏宇祥为了实现生产效率的提升，就曾经引入一套 ERP 管理系统，但经过试用后，无论是车间的基层员工，还是企业管理层都认为该系统在操作上过于烦琐。更为关键的是，由于未能解决适配的问题，在实际生产过程中，该 ERP 系统并不能完全满足鹏宇祥在生产方面的需求，最终被鹏宇祥摒弃。

二、构建一体化的企业运营思维

基于上述种种原因，对以实现数字化转型升级为目标的鹏宇祥而言，如何打造一个"一切用数据说话"的高度信息化、智能化、可视化的现代数字工厂，已经成为其亟待解决的一大难题。

侯金宇认为，企业的数字化转型一定要从企业的核心需求出发，只有先了解自身"病灶"所在，方可"对症下药"，并从中找到最为实用的转型升级方案。为此，侯金宇针对企业生产经营的情况开展了细致的调研，并将调研中发现的问题进行整理归纳。

在专业技术团队的指导与帮助下，鹏宇祥逐渐将传统模块化的固有思维转为从物料采购到成品出库，各生产环节都应该在定制化的数字管理系统中得到合理有效的串联，从而实现全生产流程的信息共享，提高企业内部生产信息传递的效率与准确率。为了落实这一点，鹏宇祥以各生产设备的数据共享为切入点。

"通过对生产设备数据的实时共享，各生产环节都得以准确把握实际生产情况，这一点是非常重要的。此前，由于我们企业本身就配置了多台与管理系统相匹配的印刷设备，因此能够轻松实现设备与管理系统、硬件与软件间的有效对接，进一步为我们后续其他信息的共享提供基础。"

三、打造数字化工厂的"四步"方略

在明确了核心需求与整体思路后，通过与技术团队的多次沟通，鹏宇祥最终制定了"四步走"的数字化工厂建设方略。

首先是建立工单活件的基础信息管理体系，从而以订单为基础，构建起各环节的相互联系。其次是提升企业的排工排产能力，面对多样的印刷及印后需求，系统能够根据情况制定出最为适宜高效的生产方案。

在完成排工排产之后，鹏宇祥便已经具备制定并履行生产计划的能力，下一步就是解决报工报产的问题，目的是帮助企业完成计件工资等信息的统计。

"其间，随着企业数字化水平的不断提升，我们还装配了特殊的切纸管理模块。在完成卷筒纸的一次裁切后，该模块系统会对余料情况进行记录与锁库，以便出现合适的订单时，优先安排对应余料的使用，减少浪费。除此之外，该系统还会为每卷纸材与对应的产品进行编号，以帮助企业实现原材料的精准管理。"侯金宇如此介绍道。

最后一步，是报表系统的建立。在避免过多生产信息干扰的前提下，围绕原料、产出、库存等核心需求，鹏宇祥构建了简洁明确的报表系统，确保对企业生产状况的动态把握。

伴随着数字工厂建设的逐步推进，鹏宇祥渐渐摆脱了对纸质工单的依赖，不仅成功减少了 70%～80% 的纸质工单需求，还同步解决了数据获取时效性差、手工录入准确率低、发现问题无法溯源等痛点。

此外，新一代数字工厂管理系统还凭借方便快捷的操作方式，极大地降低了员工的使用难度，优化了内部审批流程，在应用初期就获得了广大员工的一致认可。更为重要的是，在数字工厂的支持下，通过对数据的采集分析，鹏宇祥能够开展更为灵活高效的生产排程，促进企业产能的提升。

"依托数字化管理系统的应用，我们已经迈出了转型的第一步，但鹏宇祥距离理想中的数字化企业还存在着一定的差距。如果说在数字工厂建设的第一阶段完成了核心控制体系的搭建，第二阶段我们将重点聚焦于企业综合生产能力的提升。在已有系统的基础上，我们计划最晚于 2024 年开始二期数字工厂的建设，通过引入 AGV 智能搬运机器人与智能仓储系统，打通生产、物

流、仓储三大环节，在提升企业信息化、数字化、智能化水平的同时，进一步释放企业的发展潜力。"

"不积跬步，无以至千里。"在鹏宇祥看来，印刷包装企业的数字化转型绝非一朝一夕之功，关键还是要从自身需求出发，通过对内部生产数据的采集、分析，解决企业生产过程中的痛点，进而实现自身综合效益的提升。相信在这一理念的引导下，鹏宇祥能够与时代同行，探索出独属于自己的数字化发展之路。

（2023 年创新十强，原载于 2023 年第 3 期《印刷经理人》杂志）

宝绅科技：为传统包装产品赋能升级

宝绅科技与时俱进，从客户需求出发，以 RFID 技术赋能传统印刷包装产品，释放企业发展新活力。

伴随着物联网的不断发展，RFID 技术逐渐成为众多企业探索的重点。作为全国知名包装材料"内部"制造商和一站式解决方案提供商，广州市宝绅科技应用有限公司（以下简称"宝绅科技"）多年深耕于 RFID 应用领域，通过将 RFID 技术与品牌标签、包装相结合，开辟出一条别具特色的创新发展之路。图 3-2 为宝绅科技工厂外观。

图 3-2　宝绅科技工厂外观

一、秉承创新精神，与时俱进

回顾企业发展历程，宝绅科技总经理缪小微如此介绍道："宝绅科技每个发展阶段的重要决策都是基于企业创新的需要做出的。"

宝绅科技成立于 1988 年，当时主要从事印唛、吊牌等传统标签及包装的生产加工工作。随着千禧年的到来，印刷包装行业逐渐掀起了一股低碳环保之风，市场环境越发复杂，传统平面印刷已经无法满足客户日趋多元化、复杂化的产品需求。"为了抓住更多的发展机遇，我们将工厂由温州迁移到了广州，并成立了宝绅科技的前身——广州市宝绅纸塑有限公司。"缪小微讲道。

出于提高产品质量、提升企业数字化生产能力的考量，宝绅科技选择主动出击，把握行业发展潮流，于 2007 年引进了第一台惠普 Indigo 印刷设备，并由此拉开了宝绅科技探索数字印刷领域的第一步。

截至 2021 年，宝绅科技作为惠普亚太地区工业装机量和印刷量最多的合作伙伴，共引进了 31 台相关设备，基本囊括了惠普 Indigo 全系列的所有机型。高昂的投入为宝绅科技带来了在可变数据印刷领域的强大优势。日产 2000 万张的强大生产力，能够让宝绅科技更为高效地满足客户对产品品质以及生产效率的需求，这也为企业的后续发展奠定了坚实的基础。

随着包装产品应用的进一步普及，以及市场竞争的越发激烈，宝绅科技高层意识到，只有另辟蹊径开发更为高端的产品，才能为企业争取更多发展先机。秉持"人无我有，人有我优，人优我特"的经营发展理念，宝绅科技于 2014 年在集团总部设立了 RFID 研发和生产中心，这也标志着其正式涉足 RFID 技术应用领域。

二、由浅入深，以技术实现产品升级

在发展初期，宝绅科技对 RFID 技术的运用还较为保守，主要针对传统印刷产品进行"性能升级"。缪小微表示："当时我们对 RFID 技术的研究还处于起步阶段。作为一种尝试，通过在传统吊牌和贴标等产品中附加电子芯片，让其得以成为一枚具备信息传递功能的电子标签，这也是 RFID 技术最基础的一种应用方式。"

在钻研新技术的同时，宝绅科技并没有忽视对产品印刷品质的追求。技术与质量的双重保证，使宝绅科技的新产品得以被市场迅速接纳。市场的积极反馈，不仅让宝绅科技的产品种类得以丰富，同时也明确了其在 RFID 领域更进一步的信心和决心。"为了能够进一步探索印刷包装与物联网的有机融合，我们在近几年也加快了相应领域的研究进度，产品的功能性也在逐步提升。现如今，宝绅科技每年的RFID标签产量可达10亿枚，在确保印刷品质的前提下，能够为服装和鞋帽等品牌客户提供打假防伪、库存优化、商品溯源、物流仓储、销售管理、了解顾客行为以及变革试衣间模式等智能服务。"

宝绅科技还专门打造了属于自己的物联网大数据实验室，其中凝聚了多年来宝绅科技在RFID领域的探索成果。除了内容丰富的产品展示平台之外，这里也是其开展技术创新的摇篮，其中包括了RFID技术在不同材料上的运用、生产工艺对于电子标签的影响、不同距离的信息接收情况等研发内容。得益于5G技术的逐渐完善，宝绅科技也在尝试将5G与RFID技术共同应用于服装包装领域，在提高信息传输效率的同时，为标签及包装产品的发展创新挖掘更多可能性。

三、从需求出发，打造世界级包装品牌

"无创新不生存，宝绅科技在创新的路上从未停止脚步。"缪小微用这样一句话言简意赅地概括了宝绅科技得以快速发展的精神内核。

一直以来，宝绅科技秉承创新精神，每年都将利润的25%用于产品研发和人才培养，在技术更新和新设备引进环节亦有重金投入。作为国家认证的高新技术企业，宝绅科技拥有多项国家发明专利、实用新型专利等自主核心知识产权，这极大地保证了公司产品技术的先进性和良好的市场附加值，在企业参与日益激烈的市场竞争中发挥了良好的技术优势。"我们坚信：未来的市场，将越来越青睐拥有高科技含量和高创新度的产品，一成不变的传统产品注定只能沦为低端产品，从而被市场淘汰。"

当然，所有产品的创新研发都是以客户需求为核心开展的。"我们的许多客户都是像耐克这样的国际知名品牌，除了印刷品质之外，它们往往更为关注产品的创新元素以及综合防伪性能。对于这些品牌客户而言，能否确保其产品在流通过程中的安全，是其选择包装供应商的重要标准。"

对此，宝绅科技除了有针对性地推出唯一码标签，为商品打造独一无二的"身份证"之外，还将其运用到品牌包装的每处细节，甚至在产品外包装的塑料袋上都印刷有相应的 RFID 标签，可以多角度地为客户和终端用户提供从生产到流通、再到消费者全链条的查询、识别、信息溯源及增值服务。

如今，宝绅科技已经发展成为一家极具影响力的一站式包装解决方案供应商，服务于 16 个国家和地区共计 500 多家客户。其实，自 2013 年开始，宝绅科技就开始了自己的全球化布局，并逐渐在北美、东南亚、欧洲等地区设立销售办公室与生产工厂。"我们除了要继续加强产品的研发创新之外，还将积极响应国家'一带一路'倡议，加快国际市场的开拓步伐。这不仅包括 2021 年在印度尼西亚设立的新工厂，未来几年，我们还将走进孟加拉国、埃塞俄比亚等国家，让宝绅科技成为真正享誉全球的民族品牌。"缪小微满怀信心地说道。

以技术创新为根，以产品质量为本。正是这两大因素为宝绅科技这一老牌企业的崛起提供了源源不断的能量，使其在发展之路上，无惧风雨，勇往直前！

（2021 年创新十强，原载于 2021 年第 5 期《印刷经理人》杂志）

云印：提升协同水平，构建包装产业专业化生产体系

云印以数字化 SaaS 产品赋能印刷包装企业，构建包装产业专业化生产体系，提升协同生产效率，助力企业降本增效。

改革开放以来，我国包装产业飞速发展，并逐渐成长为全球包装版图上一股举足轻重的力量。随着存量时代的到来，我国包装产业集中度较低、产业链上下游高度分散等特点越发明显。作为一个为食品饮料、日化用品、服装鞋帽、快递物流等众多行业提供配套服务的产业，在当前供需两端多对多的市场环境下，低下的协同合作效率已经成为遏制行业进一步发展的重要因素，而数字化转型已成为行业发展的重要方向。

一、深耕"印刷+互联网"新模式

云印技术（深圳）有限公司（以下简称"云印"）成立于 2013 年，是一家以"成为全球包装产业最值得信赖的数字化商业伙伴"为目标的技术服务型公司。作为包装产业数字化供应链服务平台，云印始终专注于包装产业数字化商业价值的探索。自成立之日起，云印便坚持将云计算、大数据、机器智能等新技术与包装工业生产相结合，为产业提供一站式的智能数字化转型工具与服务，帮助企业客户实现"单厂提效，多厂协作"，助推产业转型升级，实现造纸包装跨供应链间的产销协同，提升企业服务效率。

起初，云印以商务印包交易服务平台的开发运营为开端，切入印刷包装领域，通过整合双边市场资源，积极推广去中介化的在线交易模式。随后，

云印在长期的探索中逐渐认识到供应链重构的重要性，并于 2017 年受到了山鹰国际的青睐，在其支持下，云印开始了"聚好单""包印通"等优质 SaaS 系列产品的研发，并以此为基础，深度探索产业变革方向。

2020 年，云印与腾讯企点开展战略合作。借力于腾讯的云计算、AI 识别等各项技术的同时，云印依托自身强大的数据资源，与全国的设备及软件厂商加强合作，为客户企业提供更丰富的服务，助力联盟企业数字化升级。

现如今，云印已经发展成为中国领先的包装产业数字化升级服务商和高效的包装云工厂平台。凭借高效的数字化服务体系连接优质订单和产能，云印与全国众多包装企业签订了合作协议。云印包装产业联盟已经与全国一百多家二级厂、15000 多家三级厂实现了成功对接，交易规模近 200 亿元。截至 2022 年 3 月，云印月均云产能订单已达 1500 万份，随着品牌的进一步发展壮大，到 2022 年底单月订单量超 2 亿份。

二、打造包装产业专业化协同生产体系

近年来，随着行业的不断发展，越来越多的包装企业意识到了单一产品体系的局限，从而踏上了多元化经营之路。而一些规模稍小的企业，也通过增加产品品类，不断扩展市场方向。但这与工业大规模生产的初衷却是背道而驰的。

工业生产核心在于通过提高单一产品的产量，以数量摊薄生产成本，从而实现企业快速盈利。当前，许多包装企业其实已经陷入了一个怪圈：因为市场环境低迷，订单获取困难，为此企业不断扩大业务范围，什么订单都接、什么订单都做，但这也进一步提升了企业的经营成本，生产压力进一步提升，企业又要去寻找新的订单，以此循环往复。想要打破这个怪圈，包装企业就必须回归"专业化"的生产模式。

云印认为包装产业的专业化应涵盖两个要素，即工厂的能力专业化和基于产业链分工的专业化。在工厂的能力专业化方面，围绕包装企业的数字化转型，云印先后推出了聚好单、包印通、智控宝、箱易通等数字化 SaaS 产

品，帮助客户企业打通了从销售、生产到厂内运营的十三个重点环节，通过经营报表、线上交易、厂内OA协同、智能录单等服务有效连接二级厂、三级厂、终端用户，提升了客户企业的生产运营效率。

　　云印已经打造了覆盖造纸、纸板、纸箱等领域的包装产业数据库。借助数据和模型分析，云印包装产业联盟的各同盟企业能够在海外零售、DTC领域，以及日化、光伏等行业，为终端客户提供包装全链路解决方案（图3-3）。在柔性智造、循环包装等领域，云印也取得了诸多成果。在和其他伙伴的合作中，云印不仅为客户解决了印刷个性化定制生产难题，还帮助提升了人工效率和交付效率，实现了24小时交货；通过解决仓储批次管理问题，降低了超过50%的包装库存；通过提高装箱配套效率，降低了包装装配成本，最大限度为企业客户实现降本增效。

图 3-3　云印智控宝

　　在产业链分工方面，云印构建了以客户为中心的协作供应链体系，依靠其产品服务及云印魔方的包装产业大数据技术，实现了供应链上下游企业之间交易连接、数据连接与设备连接。通过对规模巨大的行业数据进行分析，云印结合终端客户的需求和痛点，在对各类订单进行细致分类的同时，为具备不同专业能力的工厂匹配不同类型，甚至不同细分赛道的包装订单，帮助合作伙伴实现人工效率提升和交付效率的翻番提升。

这种以客户为中心的协作模式，能够让拥有不同价值、功能的企业发挥自己"长板"优势的同时，借助其他伙伴的力量弥补自身的"短板"，进而让整个供应链、价值链各环节通过相互协作，形成一个稳固的"大木桶"，以此提升供应链整体的市场竞争力。

现如今，构建跨供应链的协作、打造行业统一大市场，已经成为行业新时代的必然选择，而这一切都建立在行业加快数字化转型发展的基础上。未来，云印继续坚持"以万人为师"的谦逊态度，向每家行业优秀企业学习，在利用数字化为更多包装企业赋能的同时，与一众行业伙伴共同探索行业发展新可能，为打造产业数字化新生态，建设包装产业的全国统一大市场贡献力量。

（2022年创新十强，原载于2022年第3期《印刷经理人》杂志）

赛维：开辟数字印刷试验田，引领电子标签新时代

创新结合数字印刷与精密模切，赛维致力于引领数字印刷在电子标签领域应用的新时代。

生活中我们随处可见各式各样的电子类产品——电脑、电子表、游戏机等，随着互联网通信与电子制造技术的发展，它们已经逐渐成为我们现代工作与娱乐休闲时不可或缺的一部分。然而，它们及其电池上面却有着小巧轻薄、印刷精致的电子标签。

其实，小小的电子标签里拥有一个大大的世界，它需要高超的印刷与模切技术，以及繁复的制作工序。赛维精密科技（广东）有限公司（以下简称赛维）便是一个专注于电子标签细分领域的印刷企业。

自1998年成立以来，赛维从代理标签打印色带、设备、软件起家，到如今自主生产电子类产品标签、电池标签、铭板等多元产品，陆续在越南北宁，我国长沙、成都、苏州、天津等地设立分公司。在数字印刷飞速发展之时，赛维紧紧抓住机遇，搭乘数字印刷的快车，不断地尝试与探索，开辟出一片属于电子标签数字印刷的试验田。

如今，在这片田野上，风吹麦浪、繁花点点，赛维也迎来了新的春天，凭借数字印刷简便快速、高效等优势，逐渐形成了品质优良、价格实惠、贴心服务的核心竞争力，与国内外众多知名企业建立了长期合作关系，赢得了市场的认可与信任。

一、勇于做数字印刷的"小白鼠"

一直以来,尽管数字印刷在标签赛道的应用已经非常普遍,但大多数仍然停留在传统日化类标签,极少有人愿意跳出数字印刷的"舒适圈",攻克电子标签领域,而赛维却勇于做第一批"小白鼠"。

"由于电子标签对耐高温、墨层厚度控制、耐摩擦等方面要求很高,行业里没有太多人敢用数字印刷,然而我们认为其简单快速,并且满足电子标签小批量、多样化的订单需求,便决定尝试一下。"赛维总经理荣秋香如是说。

2011年,赛维开启了充满挑战的数字印刷探索之路。"一开始在信赖性测试方面遇到过很多困难,会出现掉墨、不耐高温、达不到传统印刷效果等问题。"但赛维没有放弃,反复试验,不断试错,在细节上持续优化改良,终于在2015年逐渐摸索出一种适合数字印刷在电子标签应用的成功模式。

为了保证数字印刷的品质和效果,赛维在材料选择、印前设计、印刷技术提升与设备改进、印后加工等方面进行创新,全方位实现生产模式的数字化转型,例如:赛维针对很难管理的灰色系颜色进行自主研发,保证多批次灰色一致输出的优异效果;在稿件的美工设计和设备的细化匹配上,制定了一系列的标准和规范,以保证印刷输出的文字内容更加清晰整洁,优化了标签质感;利用数字印刷在同等材质下可多个文档同步印刷的优势,文档编辑后直接拼版/共版印刷,实现了400个料号同步生产的目标,大幅提升了生产效率。

面对电子标签客户对于永久性、耐溶性、耐摩擦等性能的需求,赛维充分发挥数字印刷的力量,借助多个色组组合的方案,形成多个颜色配合,利用"三明治"印刷结构,透过一次转印技术,一次性完成里印,在保证优质标签外观效果的同时,满足特殊的性能需求,使生产效率成本最优化,提高了客户的满意度。

此外,赛维在数字印刷原有的技术基础上还做了许多延伸,如植入了系统管控的可变序号数据,进行印刷内容的质量监测和控制,在保证印刷品质的同时,减少了浪费和损耗;在一些较小的电子产品部件标签表面,为客户提供正反面、可实现同步数据追踪的应用设计；在当下最火热的穿戴类产品标签上，将数字印刷与可变数据技术结合，为客户提供 C 等级以上的 2D 条码标签，呈现最精美的印刷效果。

正如荣秋香所言："数字印刷正处在春天里，快速、环保、智能，我们在数字印刷领域还是小白鼠，确实也付出和牺牲了很多，但是现阶段的收获还是非常值得的。"

二、"数字印刷 + 精密模切 + 智能"，打造全方位优势

如果说技术提升是赛维开辟数字印刷新天地的关键，那么在此基础上与精密模切和智能工厂的结合，则是其打造全方位数字化优势的进一步探索。

"赛维在服务客户的同时，洞察到了其加工烦琐、工序复杂的痛点，便于 2018 年开始涉猎模切领域，将数字印刷与模切完美组合，在印刷之后完成模切和复合工序，为客户提供整体解决方案，帮助其减少加工环节和浪费，弥补行业空白。"荣秋香介绍说。

为此，赛维不仅根据具体需求定制并研发了专业设备，还通过不断与客户沟通，反复打磨，最终在模切领域也赢得了客户的认可，已经占据赛维近 30% 的营业收入。

在数字化的道路上，赛维并没有止步于此，还在创新应用数字印刷的基础上，进一步推动了智能制造。赛维通过数字印刷软 / 硬件上传生产数据，在此基础上自主研发了 MES 生产管理系统和 WMS 仓储管理系统等个性化系统，实时收集生产数据，实现数据集成，掌控整个生产流程的每个环节，包括设备状态（工时、辅料、成本计算等）、订单服务信息、财务状态等。

"我们期望通过数字印刷的延伸与拓展，打造卓越的自动化、系统化智能制造印刷工厂，为客户提供更优质的产品和完善的解决方案，为制造业贡献赛维力量。"荣秋香如是说。

谈及未来，荣秋香坚定地表示："我们或许无法左右市场的波动，但是我们只管做好自己，主动帮助客户解决困难，不断给他们惊喜。"

未来，赛维将继续以数字印刷为利器，在电子标签行业不断深耕。一方面，在其他特殊材质和穿戴类标签上创新应用数字印刷，并且进一步实现数字印刷与模切的深度融合；另一方面，将触角延伸到更多领域，将电子标签技术与日化类、家居类标签结合起来，研发更多定制化、个性化的产品。

唯创新者强，唯创新者胜。历史从不眷顾因循守旧、满足现状者，机遇往往属于勇于创新、永不自满的人。未来赛维将持续开拓创新，搭乘数字印刷的列车，在电子标签的田野上驶向下一个春天。

（2023年创新十强，原载于2023年第3期《印刷经理人》杂志）

第四章　智能制造

江天包装：打造环保智能化标签示范企业

始于柔印环保，强于智能化改造，江天包装以技术创新引领标签行业发展。

生活中，标签随处可见，大到商场里的商品名录，小到案头边的各种物品。可以说，标签无时无刻不在点缀着人们的生活。

随着社会经济发展，居民消费能力持续提升，人们对标签的个性化、精美化需求不断升级。同时，需要贴标的场景也在不断延伸和拓展，标签应用场景日趋多元化。不干胶标签凭借其承印材料多样化、通用性强、印刷表现效果好、贴标效率高等优势，市场占有率逐步提升。

苏州江天包装科技股份有限公司（以下简称江天包装）是一家专业从事不干胶标签环保印刷的企业（图4-1）。凭借多年来对工艺技术创新的执着以及对品质的追求，江天包装成为全国领先的综合标签解决方案提供商，其客户遍布日化、食品饮料、医药、化工等诸多领域，包括联合利华、汉高、上海家化、百雀羚、农夫山泉、辉瑞制药、壳牌润滑油等国际、国内一线品牌企业。

图4-1 江天包装工厂外景

一、与柔印结缘，创民营标签企业第一

江天包装成立于 1992 年，成立之初，便以追赶国际最先进的标签印刷工艺与技术为目标。1993 年，国内民营企业中首台日本原装进口四色琳得科圆压平轮转印刷机在江天包装的厂房中投产使用；1998 年，江天包装又引进了日本原装进口六色琳得科轮转印刷机，再创国内民营企业先河。

到了 21 世纪初，中国民营标签印刷企业还没有引进柔印技术，只有少数几家外企和国企引进了几台捷拉斯、麦安迪等品牌的进口柔印机。而江天包装 2001 年率先引进了第一台八色捷拉斯 EM280 柔印机，成为当时第一家使用进口柔印机的民营标签印刷企业。

随着江天包装服务的日化企业越来越多，客户对于颜色及工艺的需求也越来越高。为了满足客户日益提升的需求，2008 年，江天包装经过多方面的考察，引进了一台基杜十二色全伺服 E-COMBAT 柔印机，实现了设备的跨越式升级。江天包装因此成为第一家引进全伺服柔印机的民营标签企业。

截至 2021 年，江天包装已拥有 10 多台柔印机，其中基杜（博斯特）9 台，欧米特 3 台，全部为全伺服组合式柔印机，多数采用水冷辊方式，在包括收缩膜在内的超薄材料上印刷，不容易导致材料变形，而且适用范围广泛。

随着全球可持续发展战略的推进以及我国环保政策的收紧，代表着环境友好、效率提升、色彩稳定的柔印技术，日益成为标签印刷的主流方向之一。经过数十年的积累和沉淀，江天包装对柔印技术的掌握已非常娴熟并形成了一套自己的培训体系和设备保养机制，单机产量高居行业领先地位。接下来，江天包装会在柔印技术方面继续领跑标签市场。

二、高瞻远瞩，加强环保智能化建设

如果说前两个十年，江天包装是在设备和工艺上发力，不断推陈出新，第三个十年，江天包装则与时俱进，在环保智能化方面努力建设，扩大经营。

2011 年，江天包装整体搬迁至苏州市吴江经济开发区新厂区，由此开启了第三个十年的辉煌征程。与此同时，基于对市场发展的前瞻预判和品牌客

户的管理要求，江天包装的智能化建设也迈开了坚实的步伐。

"我们在政府还没有强制要求的时候，就已经建立了综合的废气处理系统和废水处理系统，实现零排放。大概 2013 年的时候，我们就开始寻找软件公司，开发配套的软件管理系统。"江天包装生产技术总监朱文斌介绍道。

前置的工作对江天包装的稳健发展起到了至关重要的作用，江天包装也因此更加明确了以"精益思想、先进智能化生产设备、ERP 互联互通信息化建设"为核心的三大战略方向，充分发挥内部员工的创造力，提升生产效率和管理水平，实现跨越式发展。

2015 年和 2016 年，江天包装相继成立广州江粤印刷科技有限公司和天津江津印刷科技有限公司，分别服务华南地区客户与华北地区客户，进一步扩大规模。至此，江天包装在充分数字化环境下，形成三地工厂集中接单、集中排产、就近服务、快速响应、信息互连的发展模式。

智能化改造、数字化转型近年来已成为行业热点，而经过多年探索实践、多次完善升级，江天包装的环保系统智能化建设、制造系统智能化建设、软件应用建设均取得了显著成效，一切生产管理皆能实现内外协同、智能可控。

凭借为客户提供从产品设计到研发生产的端到端智能化服务，江天包装的生产车间也获得了江苏省"不干胶标签环保印刷车间"的荣誉称号。

三、居安思危，用创新研发保持高技术水准

科幻小说《三体》中有一句名言："我消灭你，与你无关。"在科技化、现代化不断发展的当下，创新是不竭的动力，居安思危才能赢得发展。

自公司成立以来，江天包装一直有着强烈的危机意识，除了及时引进国际先进的设备来提升工艺外，江天包装还有着较为强大的研发能力。

据朱文斌介绍，江天包装专门组建了一支数十人规模的研发团队，成立了技术中心，从事新工艺、新技术的研发与储备工作。技术中心拥有全套最新制版设备，从高清晰柔版、凸版到轮转网版，全部在厂内完成制作。此外，技术中心还配有 ESKO 和 GMG 等色彩管理专用软件以及各类试验及检

测仪器。与此同时，江天包装还积极参与行业标准制定，并与多所高校建立了产学研合作关系，进行具有前瞻性的项目研究。

经过多年生产和技术积累，江天包装取得了一系列创新成果。2018年入选国家新闻出版署智能示范车间项目，2019年入选省级现代服务业（新闻出版）专项资金项目，连续6届获得"太阳杯"亚洲标签大奖的不同奖项……除了技术中心被苏州市政府认定为"市级企业技术中心"，江天包装还被评为"江苏省高新技术企业"，通过ISO9001、ISO14000、FSC认证等，掌握了多项核心技术并将其转化为自主知识产权，取得三十余项专利。

如今，江天包装不仅涉足工艺研发，也涉足包装材料研发。江天包装联合供应商，与终端客户展开密切合作，开创了多种新材料在行业使用的先河，尤其在饮料包装上，可以说引领了一些标签材料和工艺的使用风潮。

凭借"五年一大变、十年一跨越"的强劲势头，江天包装成为标签行业领军企业，未来让我们拭目以待。

（2021年创新十强，原载于2021年第5期《印刷经理人》杂志）

绪权印刷：在智能化道路上不断前行

绪权印刷以智能化设备、现代化工艺和信息化管理升级为核心，着力打造商务印刷、精品书刊印刷并举的业务格局。

徐州绪权印刷有限公司（以下简称绪权印刷）成立于2001年，位于徐州国家高新技术产业开发区内。在总经理马绪全的领导下，绪权印刷凭借先进的机器设备、优秀的技术人才，形成了商务印刷、精品书刊印刷并举的业务格局，已成为徐州市乃至整个淮海经济区印刷业的典范。

一、从商务印刷到书刊印刷

绪权印刷二十年来的发展历程，每个时间节点都意义非凡。回忆创业之初，马绪全仍激动不已，"当时，觉不出哪个行业比印刷更有意义，每天看到公司交付的印刷品和传承的文化知识，就无比充实、自豪"。怀着对印刷无限的憧憬，马绪全踏入了印刷行业。

在第一个十年的初创阶段，绪权印刷以高质量的产品在徐州树立了良好的口碑，并在淮海经济区率先开通合版印刷业务，形成了以商务印刷为主的发展格局。

初期定位商务印刷，马绪全及其团队考虑"商务印刷资金周转快，不但面向各行各业的客户，而且对产品要求高，团队能够得到历练。更为重要的是，商务印刷能让我们紧随时代步伐不掉队"。

绪权印刷凭借过硬的产品品质和贴近客户的服务，绪权印刷收入保持了稳定增长，年销售收入逐年跨越，在商务印刷市场做得风生水起。

近年来，印刷业市场竞争愈演愈烈，稍有不慎可能就会被超越或被淘汰。而绪权印刷却在十余年间从一家名不见经传的小厂发展为江苏省名列前茅的印刷企业，企业稳步前行的背后，离不开这位"总设计师"的精心谋划。绪权印刷领导者们始终保持着危机意识，时刻思考着绪权印刷的未来发展方向。

在各级主管部门的支持下，绪权印刷充分调研发现，顺应人们对美好生活的向往，市场对精装类书刊、创意书刊有着不少的需求，但是能做出好产品的厂家却不多。"这个供需之间的缺口，不就是我们的机会吗？"在现有配套的生产系统支持下，绪权印刷决策者们决定将部分资源分配至精品书刊板块，在出版印刷和商务印刷两大阵地上齐头并进，做精做强。

于是，在马绪全的带领下，绪权印刷在主攻商务印刷的同时，大力开拓出版印刷，最终在精品书刊领域奠定了其市场领导地位。

二、大力推动自动化、智能化建设

近年来，随着经济发展以及各种创新技术的不断涌现，印刷业大环境也发生了巨大的变革，产能过剩、低价竞争、利润摊薄等现实困境一一摆在印刷从业者眼前。面对以上种种困境，加速自动化改造，推进智能化、信息化建设，进一步促进产业转型升级，成为印刷包装企业的解决之钥。

2011年，绪权印刷制订了第二个十年计划，并以"绿色印刷智能化技术改造项目"为切入点，开始全面投入信息化、智能化建设中。在这一过程中，绪权印刷投入了8000余万元对原有印刷生产流程进行绿色印刷技术改造，是江苏省较早实现绿色印刷的企业之一，并获得了印刷产品绿色印刷认证。印刷生产也基本实现了标准化、信息化、智能化，为当地的印刷企业树立了良好的典范。

提起绪权印刷对自动化、智能化设备的重金投入，马绪全坚定无比："企业要追求盈利，先要实现高效生产，也就是需要更好的设备。"

在这一理念指引下，绪权印刷先后引进了海德堡XL106-8-P印刷机、海德堡超霸106计算机直接制版机、斯塔尔BH82折页机、马天尼精装联动线（图4-2）、阿斯特锁线机等设备，从印前到印后构成了完整、高效的生产体系，实现了印刷生产过程的自动化、智能化。

图 4-2　绪权印刷车间内马天尼精装联动线正在运行

投资硬件设备,可以看作绪权印刷向智能制造转型升级迈出的重要一步。"国外很多同行是我们的榜样,它们的今天就是我们的明天。一切都来得很快,既然智能化是大方向,我们的设备升级换代必须快速跟上。如果只是观望,问题就会越来越多,差距就会越来越大。"马绪全补充说。

智能化道路征途漫漫,设备是硬实力,但企业软实力的建设也不容忽视。为此,绪权印刷进一步引进智能软件,推进生产过程智能化,培育新型生产方式,全面提升企业研发、生产、管理和服务的智能化水平。

三、积极开展自主研发

在不断完善智能化建设的同时,绪权印刷也在积极开展自主研发。马绪全亲自带队,组建了 12 人的研发团队,涉及工艺、印前、印刷、印后、前端、后端、数据库维护、硬件维护等多个岗位。

自主研发从来都不是一条平坦的道路,在研发过程中每每遇到困难,绪权印刷都能依靠团队间的相互支持、艰苦攻关将其克服。在马绪全看来,团队成员都深耕印刷行业多年,不仅拥有 IT 技术,又懂得印刷工艺,在开展智能化项目的时候可以无障碍沟通,研发产品可以更符合印刷企业的需求。

截至 2021 年，绪权印刷研发成果斐然。在印前环节，绪权印刷自主研发了印前文档智能化处理系统，可自动完成文档预检、修复、拼版、输出等动作，实现印前制版自动化、智能化；在生产管理环节，其自主研发的企业管理信息系统，可实时采集生产信息，实现生产、管理信息化；在订单销售方面，其又自主研发了电商平台，客户可完成在线自助下单、扫码支付、在线查询订单及财务信息等操作，实现了服务的信息化和智能化。

在第二个十年的发展阶段，绪权印刷以设备、技术、信息化管理的升级，来提高产品质量，开拓精品书刊市场。截至 2021 年，其自动化、智能化设备的高效稳定运行，以及绪权印刷产业园的全面运营，标志着绪权印刷第二个十年阶段任务基本完成。

在时代的召唤下，绪权印刷正脚踏实地，稳步向前，将新一代信息技术与印刷技术融合发展，以智能化设备、现代化工艺和信息化管理升级为核心，形成商务印刷、精品书刊印刷并举的业务格局，张弛有度，厚积薄发。相信在未来道路上，徐州绪权还将爆发出更大的能量，为这个世界增添更加绚丽的色彩。

（2021 年创新十强，原载于 2021 年第 5 期《印刷经理人》杂志）

美柯乐：求索智改数转之路，拥抱行业绿色未来

在数智化转型的洪流中蹚水过河，打造"绿色精品书刊印刷智能制造工厂"，引领传统书刊印刷企业智改数转、绿色化创新发展。

随着中国制造业智能制造趋势的形成，印刷行业的生产管理方式、技术服务水平和创新能力也在日趋向数字化、智能化方向发展。在数智化转型的洪流中，一些创新开拓的印刷企业迎难而上，主动入局，积极寻求转型发展之路，苏州工业园区美柯乐制版印务有限责任公司（以下简称"美柯乐"）便是其中之一。在智能化、绿色化的道路上，美柯乐勇敢地率先迈出一步，细心耕耘、向阳而生。

一、蹚水过河，缔造数智化"城池"

美柯乐作为一家以出版物和包装印刷为主营业务的传统印刷企业，是什么契机使它走上了数字化、智能化的转型之路？带着这个问题，我们跟随总经理牟少翔走进了美柯乐的故事："早在2011年，我们去海外参观学习，已经深刻感受到了未来数智化转型不是选答题，而是一道必答题。但当时并没有特别成熟的企业案例，别人是摸着石头过河，而我们连石头都没有，只能自己在水里面慢慢蹚，思考如何既能仰望星空，又能脚踏实地。"

在充分调研和积淀的基础上，2019年美柯乐于建立新厂之际，毅然投入1.8亿元开始大力打造"绿色精品书刊印刷智能制造工厂"。"由传统出版物印刷工厂向智能工厂转型并不是一蹴而就的，前期需要大量的基础工作，就

像建造一座城池，原先这座城可能连围墙都没有，然后是篱笆，之后渐渐变成土墙、钢墙。"牟少翔如是说。

对牟少翔而言，精益化和标准化便是这座城池的"篱笆"："智能工厂不是说引进智能设备、放几个电子可视屏就能解决的，没有标准化，智改数转很难成功。"为此，从2011年起，美柯乐便着手自主研发一整套质量控制系统，对每个生产环节、每个产品都制定了标准和详细的作业指导书，并在此基础上进行精细化管理。

标准先行，接下来便是自动化、数字化和智能化。美柯乐智能工厂引入了自动化设备，将印刷生产的流程自动化，减少了人工干预。同时，深度融合5G、物联网、大数据、人工智能、边缘计算等新一代信息技术。美柯乐还研发并引进了智能传感器，以及MES制造执行系统、ERP信息化管理系统、APS智能计划排程系统等。在构建设备互联管理和各级系统数据交换解决方案的基础上，美柯乐实现了各系统、各流程、各环节数据的流畅交互，以及生产过程的实时监测和管理，进而根据数据分析结果进行生产工艺和流程的优化。此外，美柯乐还应用了智能机器人等智能设备，自动化地完成生产中重复性、高难度的操作，整体效率提高了近30%，产品质量也得到进一步提升。

"针对传统地铺式仓储的难找货、空间利用率低及管理效率低下等问题，我们还建设了智能仓储物流系统，进行全面物流再造，彻底改变车间现场混乱低效场景，成为我国书刊印刷行业首个将仓储物流和生产流程结合的项目。"牟少翔补充说。

凭借开拓创新的勇气和不断精进的追求，美柯乐自2009年以来，连续多年获评国家高新技术企业荣誉称号，并入选国家新闻出版署2022年出版业科技与标准创新示范项目中的科技应用示范单位。其"绿色精品书刊印刷智能制造工厂"实现了经营管理与生产过程的控制集成，涵盖供应链管理、库存管理、质量控制、立体物流数据通信、能效优化、数据采集6大应用场景，达成了数据驱动的精益生产和智能决策，完成了传统印刷工业的转型升级，形成了印刷工业数字化、网络化、智能化的新兴业态和应用模式，被评为"2022年度苏州市级示范智能工厂"。

在牟少翔看来，许多人认为智改数转是"灵丹妙药"，仿佛"一吃就好"，但其实不然，"罗马不是一天建成的，而是一个从标准化到自动化、数字化，再到智能化慢慢搭建的过程，需要不断学习、不断完善。美柯乐的智能化建设便是这样一个循序渐进的过程，未来的路还很长"。

二、不忘初心，以数智化推动绿色化

在美柯乐的创新故事中，如果说智能工厂的建设是精彩篇章，绿色化则是贯穿始终的初心底色。"美柯乐早在2005年便已经开始关注绿色印刷领域，我们相信印刷绿色化是市场的需求和广大消费者的呼唤，更是整个行业发展的方向和潮流，如果企业跟不上这个潮流，就可能被淘汰。"牟少翔感慨说。

2014年，美柯乐参照国家绿色检测中心标准，投入100余万元建设绿色印刷实验室，联合设备厂商开发专用设备，对免酒精润版液、显影液、洗车水进行环保处理，并且已经形成一整套可操作可复制的绿色质量管理体系和减排系统。

近年来，随着国家"双减双碳"等政策的推行，低碳节能和可持续发展等话题越来越受到行业的关注。在智能工厂的推动下，美柯乐也在低碳环保和节能减排的道路上不断深入。牟少翔认为，"智能工厂可以为美柯乐提供全面的环境保护解决方案，推动企业可持续发展"。智能化系统不仅可以自动监测和调节能源消耗，还可以监测生产过程中的废弃物和排放物，及时优化生产过程以推进绿色生产，从而保护环境和降低处理成本。此外，智能工厂通过数据分析，可以实现物料和资源的优化利用和精细管理，减少过多的物料浪费和不必要的资源消耗，进一步提高资源利用效率。

"我们在新工厂布局时就会通盘考虑绿色智能，主要聚焦节能降耗和减排处理两个方面。"在节能降耗方面，美柯乐积极采用集中供气、自动加湿系统、集中水冷、热能回收、LED照明等技术；在减排方面，美柯乐坚持从源头控制污染物排放，配置集中供墨、集中排废、VOCs集中收集等装置，使用

无醇润版液系统、环保油墨等绿色环保材料，降低排放，循环增效，推动产业健康发展。

正如牟少翔所言："在绿色化的道路上，尽管前期会有很多投入，但企业更应该要注重综合效益和社会责任。在新时代新任务新要求下，只有与周边生态友好相处，印刷企业才能良好地运行下去，客户也满意，不仅对自身企业有利，而且也是对行业和社会负责。"

纵然星河浩渺无垠，有梦人不惧日月流转。谈及未来，牟少翔笃定地说道："美柯乐会在数字化、智能化、绿色化方向继续往前走，把握发展主动权，不断地发现问题、解决问题，永不停歇。"

仰头是坚定不移的目标，脚下是步步坚实的印迹，以不断开拓的创新精神和循序渐进的步伐来以"小"谋"大"，这是在数智化和绿色化道路上，美柯乐给其他传统印刷企业的答案。

（2023 年创新十强，原载于 2023 年第 3 期《印刷经理人》杂志）

卡游科技：实现卡游智造升级推动卡牌行业发展

引入智能生产线，开发 IP 资源，建立动漫平台，卡游科技正以技术创新推动卡牌行业发展。

随着"90 后""00 后"消费者的登场，"潮文化"新兴消费市场快速崛起，盲盒、手办、卡牌等个性化产品受到年轻人热捧。今天故事的主角——浙江卡游科技有限公司（以下简称"卡游科技"），就是一家集动漫卡牌研发、制造、销售、服务为一体的文化企业。

卡游科技成立于 2019 年，其母公司为浙江卡游动漫有限公司（以下简称"卡游动漫"）。近年来，在各级政府部门的关心支持下，卡游科技取得了跨越式的发展，分别在上海、浙江开化、浙江义乌设有产品研发销售中心、卡牌生产制造基地和物流中心。卡游科技拥有员工 700 余人，日产卡牌 1 亿多张，日出货近万件，产品畅销全国 31 个省市自治区，2021 年公司实现上缴税金近 5000 万元。

作为动漫衍生品市场中最具影响力的品牌之一，卡游科技始终秉承不断创新的经营理念，一方面重视技术创新，全面推进智能化建设，打造智能工厂；另一方面搭建品牌 IP，开拓个性化定制市场，创新推广模式。

一、重视技术创新，全面推进智能化建设

作为动漫卡牌行业的领头企业，卡游科技积极进行技术创新，加快工厂的数字化、智能化转型，以高水平创新驱动产业链升级发展，实现智造升

级。早在公司成立之初，卡游科技就成立了技改创新小组，为技术创新"出谋划策"，并积极推进技改项目实施。卡游科技已完成20余项智能化、自动化技改项目，包括AGV自动物流系统、全自动卡牌收牌系统、全自动包装流水线、全自动印刷物流线等。其中，全自动卡牌收牌系统是国内卡牌行业的首创设备，国内尚且仅此一例。

与此同时，卡游科技积极推进卡牌高端工艺的研发，如UV印刷、丝网印刷、光刻定位印刷、数字烫印、专版纸印刷等。如今，卡游科技已拥有7项国家发明专利、2项实用新型专利、186个注册商标、215个美术作品著作权和11个软件著作权。2022年1月，卡游科技还在上海成立了智能化事业部，着手ERP系统及MES系统的自主研发。对于制造企业来说，寻求数字化转型、打造智能工厂已经不再是"加分题"，而是"必选项"。因此，如何克服当下困境，打造智能工厂，以精益生产实现节能减排的绿色发展，通过设备互联互通、大数据分析决策推进内外高效协同，最终实现智能制造，是当下制造企业最重要的转型方向之一。

为此，卡游科技加大投入力度，引进了十条先进的德国曼罗兰全自动印刷生产线，配套全自动博斯特模切机、烫金机、糊盒机、理牌机、包装机等自动化设备，通过ERP系统、MES系统、WMS系统、自动提升机系统、无人AGV自动物流系统等信息化系统，建成集生产、销售、仓储为一体的数字化动漫文化产品智能工厂。

卡游科技智能化生产线采用自动化技术、机器人机械臂作业，极大地提高了生产效率，优化了卡牌工艺水准，提升了卡牌产品质量。例如，生产线中的CTP直接制版系统，集光学、电子、彩色数字图像、自动化及网络等技术于一身，其中的互联网与数字化工艺流程技术，可以将供应商、印刷生产线和客户链接在一起，实现网上传版、网上确认和异地印刷，并且可将数据储存在云端上，供各地多次调用和输出。又如曼罗兰高速印刷设备采用智能化绿色生产技术，以联机一体化完成各种印刷工序，可有效降低产品损耗，大大减少了产品的生产损耗成本。

二、搭建品牌 IP，开拓个性化定制市场

卡游科技不仅是卡牌产品的智能化"生产基地"，更是在集团公司卡游动漫的支持下，成为推进卡游品牌开发的主要阵地之一。2019 年以来，卡游动漫整合了卡游文化传播有限公司的原有业务资源，先后在浙江、深圳、上海投资成立 5 家子公司，成为集动漫品牌管理、衍生品开发设计、生产、整合营销于一体的集团公司。从奥特曼、斗罗大陆、叶罗丽，到哈利波特、假面骑士、火影忍者等，卡游动漫获得了众多国内外主流动漫 IP 的授权。

基于集团 IP 资源优势，卡游科技逐渐汇聚了卡游品牌的玩家与消费群体，主导建立了以用户为核心，"个性定制、文化体验与品牌推广"三位一体的动漫平台，将传统印刷、数字印刷、动漫版权、网络技术及电子商务进行整合，打造线上线下相结合的互动模式，形成了一套全新的动漫创意文化产业链，产品遍及全国。

智能化设备、先进生产线的应用以及良好的 IP 建设策略不仅有利于卡游科技的高水准生产，也令卡游科技的产品获得了广泛的市场认同。一直以来，卡游科技生产的动漫卡牌质量、精细度和工艺均居于行业领先地位。在 IP 动漫卡牌领域，"卡游"品牌占卡牌市场 90% 以上的份额，已经成为国内的行业领军企业。

为了承担起卡牌行业领军企业的社会责任，卡游动漫近期推出了《门店阳光公约》，宣布将规范未成年人在门店的消费行为，监管未成年人在店的时段时长，并呼吁所有消费者拒绝盗版、合理消费、避免沉迷等。《门店阳光公约》的实施，不仅为行业提供了有序保障，带动其向规范化发展，更有利于保护未成年人的身心健康成长，共同维护好社会公共利益。

以智能化建设为引领，以品牌 IP 建设为抓手，展望未来，卡游科技将紧跟时代发展趋势，围绕卡牌文化产业集聚区建设，从广度、深度、持久度和美誉度上推动卡牌文化产业实现跨越式发展，向更高目标迈进！

（2022 年创新十强，原载于 2022 年第 3 期《印刷经理人》杂志）

安徽新华：开辟印刷企业数智化建设的探索之路

安徽新华推动技术改造升级，打造"立体化智能体系"，引领传统印刷企业的智能化建设。

文明古城安徽合肥作为"国家科技创新试点城市"和"G60 科创走廊中心城市"，孕育了层出不穷的创新故事。安徽新华印刷股份有限公司（以下简称"安徽新华"）便坐落于这样一座历史底蕴与创新气息相结合的城市，其本身的发展道路也与这座城市十分相似。

安徽新华前身为"皖北军区印刷厂"，具有 70 多年的历史，是一家几乎与共和国同龄的"老字号"国企。近些年来，经过不断的数字化、智能化、融合化探索，安徽新华逐渐发展成为一家集教材教辅、精品图书、期刊画册等印刷业务于一体的大型出版物智能印刷企业，连续多年获得"国家文化出口重点企业""国家印刷示范企业"和"全国印刷标准化试验研发基地"等称号。

一、安徽新华的创新基因

安徽新华作为实力雄厚的老牌国企，其整体水平在"新华系"印刷企业中亦居于前列。表面上看，传统的体制可能会使其在智能化改造的道路上面临更多的阻碍和转型的阵痛，但细细回溯，便会发现其创新基因早已涌动在血液中。其中，完善的人才培养机制和持续的技术研发投入是最重要的两大要素。

一方面，安徽新华一向重视企业的人才培养和职工素质的提高，定期组织技能培训，打造了一支素质优秀、开拓进取的人才队伍，技术优势突出，研发和生产经验丰富。同时，安徽新华还坚持引进人才，确保关键岗位和稀缺岗位的人才储备，设计技师考评系统、构建员工的成长通道；鼓励员工自主创新、提出建设性意见，提高其主观能动性。

另一方面，优质的企业团队和持续的创新投入为其技术改造升级提供了强大的后盾。早在 20 世纪 80 年代后期，安徽新华便已成功实施中德印刷技术合作项目，从印前到印后，实现了设备的更新换代，生产饱和。

2005 年，安徽新华在全国"新华系"印刷企业中率先进行改制，开展了有史以来最大规模的技术改造，同时建成局域网、上线 ERP 印刷管理系统，"软硬兼施"，内外并举，迈开新的发展步伐。

安徽新华深知，唯有创新才能持续发展。随着市场的开拓和生产需求的增加，安徽新华的创新因子被彻底激发了出来，推动其在数字化、智能化的领域开始了新的尝试！

二、从信息化到智能化

当前，"数字化、智能化建设是推进印刷业质量变革的有效手段、效率变革的关键抓手和动力变革的重要支撑"已成为行业共识。安徽新华早已做好了准备，率先踏上传统印刷企业智能化转型的探索征程。

总体而言，安徽新华的数智化建设可分为两个阶段：第一阶段以信息化建设为主导，重点推进 ERP 和 MES 系统的建设。2005 年，安徽新华上线了 ERP 信息化管理系统，构建业务驱动与财务管控平台，迈出了第一步。接下来，又相继上线了 ERP 废品管理、设备维护模块和成品管理、物流费用模块，数字化管理更加细节化。

为了提高生产的信息化水平，安徽新华于 2018 年启用了 MES 系统智能排产，从生产指挥中心可以直接传输信息到机台的平板终端，减去了许多中间环节，从生产源头上确认排产计划的科学化和精准化，大大提高了生产效率。

除此之外，安徽新华还注重从生产、技术、管理等多个维度推动标准化建设。安徽新华上线了"印刷标准化工作流程暨色彩管理项目"，确保印前、印刷各环节色彩的一致性；推进了 G7、C9 双标认证；制定了全过程质量管理流程图，构建"智能质检系统"，提升产品高质化。

基于信息化、标准化建设的积累与经验，结合工业 4.0 的先进理念，第二阶段则致力于打造"立体化智能体系"。比如，安徽新华对产线进行数字化、智能化升级改造，与中国印刷科学技术研究院合作建设了图书印刷智能制造示范线，通过应用图书打捆联动线和码垛机器人，对图书胶订线进行全工序自动化技术改造。安徽新华通过对产线系统的参数预置和数据分析处理，搭建了模块化柔性化能力；通过边缘计算与反馈控制，构建了生产线与信息化系统的协同运行；运用 5G 等网络技术进行产线数据传输，链接印刷智能制造公共服务平台。

智能化建设加速了创新技术向生产力的转化，产生新的经济效益，推动安徽新华不断发展壮大，形成良性循环。

三、收获智能化建设硕果

经过多年的探索实践，安徽新华的智能化建设已初见成效。"十三五"期间，安徽新华叠加网络切片和边缘计算技术，实现了生产区域全覆盖的 5G+MEC 虚拟专网，发挥 5G 低时延、高带宽、海量传输和 MEC 边缘计算、近端处理的优点，为下一步探索开发 5G+ 工业互联网、5G 工业场景应月打好网络基础。

除此之外，安徽新华还与安泰科技联合打造了适合印刷企业的"智慧云印"工业互联网平台，以各种可视化的图表和应用 App，构建企业运营操作系统，帮助用户实现日常经营管理、设备效能管控、质量状态监测和生产实时监管；对标实现异常诊断、标准化生产，助力赋能赋智、降本提质增效，拓展"印刷+""智能+"。

企业的数智化建设和探索让安徽新华收获满满。

近几年，安徽新华在入选"2020 年度合肥市工业互联网优秀应用案例"的同时，还荣获了 e-works 数字化企业网"2021 年度中国工业互联网杰出应用奖"；图书印刷智能制造入选中央引导地方科技发展资金区域创新体系建设项目；"智慧云印"安徽新华印刷工业互联网平台入选安徽省经信厅 2021 年支持工业互联网发展若干政策资金项目；"产线柔性配置"入选工信部、国家发改委、财政部、市场监督管理总局 2021 年度智能制造优秀场景；公司被推荐为中国印刷智能制造产业联盟副理事长单位，还参与起草了《印刷智能制造标准体系表》《印刷智能工厂企业资源计划（ERP）构建指南》《印刷智能仓储系统构建指南》《图书精细化印制质量要求及检验方法》《图书精细化印制评价规范》；其智能化建设入选了《中国印刷业智能化发展报告》典型案例，成为国家新闻出版署出版融合发展（时代出版）重点实验室智能化服务技术研究中心。

值得一提的是，安徽新华在推进数智化建设的同时，还注重打造"印刷＋工业旅游"的融合化特色项目。发展工业旅游不仅有利于提高其知名度，还可以为其带来持续的边际效益，如推动业务生态互补、开拓潜在客户和倒逼公司提高管理水平等。而在绿色化方面，安徽新华专门成立了公司环保办，在源头和末端加强治理，旨在打造绿色工厂。

秉承"高品质、高技术"的经营理念，安徽新华矢志创新，致力于打造一个智慧、节能、安全、绿色、环保的智能化印刷工厂。一张蓝图绘到底，一代接着一代干，循序渐进，心无旁骛！

（2022 年创新十强，原载于 2022 年第 3 期《印刷经理人》杂志）

许昌裕同：裕见数智，同创未来

流程标准化、生产自动化、数据实时化、管理智能化，许昌裕同致力于打造印刷包装行业智能制造标杆工厂。

许昌裕同印刷包装有限公司（以下简称"许昌裕同"）是国内印刷包装领域龙头企业深圳市裕同包装科技股份有限公司（以下简称"裕同科技"）的全资子公司，专注于消费电子领域，服务于数十家世界500强客户及高端品牌，拥有华为、联想、小米、VIVO、富士康、歌尔声学等优秀客户群体，长期为客户提供从策划、设计、研发、生产到交付、物流配送的端到端服务。

近年来，许昌裕同通过一系列布局，智能化建设在同行业遥遥领先，成绩斐然。

一、智能工厂建设初见成效

2021年初，许昌市裕同科技智能制造产业园（图4-3）正式落成，总占地面积约187亩，规划总建筑面积19.5万平方米，其中生产车间面积16.5万平方米，宿舍餐厅面积3万平方米。在硬件设备方面，许昌裕同新建智能车间采用了自主研发的自动化生产线；在软件信息化方面，许昌裕同借助5G网络强大的数据传送采集功能，实现所有生产数据自动传输、自动采集、自动核算、自动监控。

此外，许昌裕同积极加强智能化仓储物流运输系统、数字车间、战情指挥决策中心的建设工作。

图4-3 许昌裕同印刷包装有限公司

1. 智能化仓储物流运输系统建设

许昌裕同结合印刷包装生产线及工厂布局，联合海康威视定制了适合印刷包装行业的智能化仓储物流系统，利用AGV（自动化导引车）和RCS（机器人控制系统），以及MES（制造执行系统）、WMS（仓储管理系统）等系统集成手段形成自动化上下料、单楼层自动运输和跨楼层自动运输系统。

工厂车间使用的海康威视智能AGV控制系统，具有灵活性、可重组性、智能化等优点，可以进行多机器人混合/集群作业。通过先进的SLAM（空间视觉自动导航模式），机器人可以根据空间产线布置和仓库位置等信息自动识别路径。

在上料环节，WMS系统在接收工单备料指令后，通过与RCS机器人控制系统配合下达指令，其后调度AGV将待出库物料运送至拣选台，拣选员则根据系统提示扫描拣选备料，再由AGV将物料运送至电梯。通过RCS机器人控制系统内部集成的WCS（仓库控制系统）控制模块与电梯运行的IOT（物联网）平台的对接，可实现机器人调度与电梯调度的统一，整个过程实现自动衔接。当AGV运行至电梯释放点，再经电梯运送至对应生产车间，实现了物料的跨楼层搬运。对应楼层的AGV经RCS系统和WMS系统调度，再运送物料至产线上料点，由此实现物料的智能运送。

在下料环节，成品经过类似流程，并与其他周边辅助设备实现无缝对接,实现了成品入库的自动化运转。此外,辅料、成品出库、空车回流等均对接 WMS、MES,并用 AGV 实现自动搬运。

2. 数字车间建设

借助 MES、WMS、数据采集、SAP(企业管理解决方案)等系统融合,许昌裕同依托车间的标准化管理流程,通过过程监控与制度考核,实现了从原材料入库,到制造加工,再到成品出库的智能数字化管理车间建设。智能数字化车间的每条生产线全面覆盖系统化管理,实现"人、机、料、法、环、数据"的全面监控,使工厂车间现场管理变得更轻松,管理颗粒度更精细,管理范围更广泛。在整个管理过程中,工厂所有数据实时共享,生产的各项活动处于可监控、可改善、可提高的状态。例如,当员工生产指标未达到目标时,绩效系统会自动进行考核核算,并在培训系统中安排对应的培训和考核。

3. 战情指挥决策中心建设

在许昌裕同看来,无人化、自动化、智能化的生产线及管控方式必然要求对各个生产要素总体情况、实时动态以及异常情况进行及时、集中、统一的掌控和汇总,从而统一调度指挥并做出科学决策。因此建设现代化中央决策指挥中心是非常有必要的。

通过建立工业级液晶拼接监控显示大屏和配套指挥调度中枢平台、声光电系统等,对现场视频监控、安灯系统、生产总体状况及异常报警等信息实时监控追踪,许昌裕同打造了统一的快速反应生产战情指挥决策中心。

作为国内印刷包装智能工厂建设先驱者,许昌裕同攻克了全线数字化运营管控、AI 工业相机定位识别、AGV 跨楼层自动运输等关键技术,是行业第一家实现全自动无人仓储物流的企业,并建成高标准的智能工厂战情指挥中心,实现生产、仓储、运输、加工、销售等供应链各环节的实时动态管控、调度和追踪。

二、向全面智能化迈进

对于许昌裕同来说,智能化工厂模型是客户自主下单后,可通过系统或

App 实时浏览打样样品、报价数据、生产工艺与制程信息等，从而实现全面智能化。如今，许昌裕同正在朝着这一方向持续努力。

接下来，许昌裕同将重点上线和完善裕同科技集团智慧园区平台的建设工作。结合信息技术，智慧园区平台将园区内的人、物、环境与应用平台相连，对园区进行全方位的智能升级整合。智慧园区的员工可在 App 首页查看园区公告、新闻动态、园区活动等信息。裕同科技集团则通过平台对园区的人员行迹、园区能源管理、宿舍管理、访客管理、消防&安防管理、设备管理进行业务联动，实现数据的可视化、员工的自助化、管理的智能化，建设一个高效的人员、车辆、物品、生活管理服务平台，从而提升员工体验感、归属感，提高园区管理效率。

在不断提高内部智能化程度的同时，许昌裕同还将着眼于智能制造创新中心的建设。这一创新中心是在智能包装装备工程研究中心（研发中心、中试基地、试验检测中心）的基础上升级改造而成的。许昌裕同组建的智能包装装备工程研究中心已掌握了后端各关键装备的技术研发能力，建成了自动化创新试验线，正在进行相应的软硬件集成一体化工作。

为了形成完善、成熟、可靠的前后端一体化、软硬件一体化整线输出能力，许昌裕同将持续完善相关研发工作，同时与 SAP、海康威视、中科天工、盘古信息等国内外软硬件服务商深化合作，建设智能制造创新中心，深度绑定共拓市场。

流程标准化、生产自动化、数据实时化、管理智能化，许昌裕同致力于打造印刷包装行业智能制造标杆工厂。面向未来，许昌裕同期望以包装智能制造一体化集成服务的姿态，推动整个行业的技术进步和效率提升。

（2022 年创新十强，原载于 2022 年第 3 期《印刷经理人》杂志）

劲佳包装：智能创新 融合开拓

从智能升级，到融合开拓，劲佳包装以创新为抓手，走出一条规模化发展的成功新路径。

三千年古冶之都大冶市，拥有"世界第九大奇迹"之称的铜录山古矿遗址等千年古迹，同时也是现代国家品牌"中国劲酒"的所在地。劲佳包装有限公司（以下简称"劲佳包装"）总部就坐落在这个既充满历史文化，又兼顾现代科技高速发展的城市。从最初以劲牌有限公司为主要客户的包装生产小车间，到鄂东印刷包装龙头企业，劲佳包装通过短短几年的飞速发展，能够为客户提供整体包装解决及提升方案。

劲佳包装成立时间不长，但已形成了集团化的运作模式。自2013年登记成立以来，劲佳包装先后成立湖北劲泰印业有限公司、湖北劲华玻璃有限公司、安徽劲佳包装有限公司等多家公司。如图4-4所示为劲佳包装车间。2022年，劲佳包装在公司发展方面已经累计投入超过15亿元，拥有职工3000余人，专业技术人才更是超过200人。在成为劲牌公司战略供应商的同时，劲佳包装又与古井贡集团、美尔雅服装、旺旺集团、比亚迪、黄鹤楼酒业、定颖电子等多个行业的知名企业建立了稳固的合作关系，逐步成长为综合性的行业模范企业。而在产品方面，劲佳包装也由原来单一的酒外箱和酒盒产品，延伸至标签、酒瓶、卡盒、手提袋、精品盒、外箱及无纺布制品等，致力于为客户提供内外包装方案及个性化定制包装方案等增值服务。

纵观劲佳包装如今取得的成绩和规模，离不开在企业发展历程中，智能升级、创新突破、融合发展等先进理念和实践所产生的充足动力。

图 4-4 劲佳包装车间

一、智能升级

智能升级的目的在于效率提升。而在劲佳包装厂区，处处体现"效率"二字。2021 年 4 月，一台长达 16 机组的进口高端印刷设备正式投入使用，刷新了亚洲印刷机组的新纪录。该设备的多机组设计可以保证生产和活件转换效率的最大化，也让更复杂工艺的实现成为可能。而在劲佳包装，类似这台印刷机，可以实现高度自动化生产的设备达 400 余台（套）。

劲佳包装智能化建设成功的背后，也少不了 ERP+MES 系统的功劳。该系统可以实现业务流程信息化、生产排程自动化并与生产线生产管理系统无缝对接，实时监控车间生产。而精心铺设的物联网平台则成为设备与设备、设备与系统之间连接的桥梁。劲佳包装利用二维码标签、射频识别标签（RFID）、各类传感器/敏感器件等技术和设备，通过互联网与电信网实现物与物、物与人之间的信息交互，实现信息基础设施与物理基础设施的全面融合。

同时，智能物流仓储管控系统（WMS），可以实现智能仓储、智能物流，进一步提升了生产效率。输入指令，16 台 AGV（自动化导引车）小车可以自动叉起堆码货物，在储物车间自由运输。此外，为了提升装卸效率，劲佳包装还特别设计了自动化升降平台。通过一键式操作，大型柜式货车（60 吨级）即可从地面平稳升至近 6 米高，完成装货后，再进行一键式操作，平稳着地，避免了货物在多层车间或仓库之间进行频繁转移，真正实现高层仓库货物的快速装卸。

二、创新突破

如果说智能制造是劲佳包装升级发展的外在表现，那么融入劲佳人基因中的创新精神，则成为劲佳包装突破发展的内在引擎。

近年来，劲佳包装投入近 3000 余万元，组建了占地面积达 1500 平方米的技术研发中心，配置有世界先进的各类软件、检测仪器、工具、研发设备等 40 余台（套），拥有一支由 143 名具有大专及本科学历组成的高素质人才团队，其中本科学历占比高达 60%。

大面积的技术研发中心、高素质的人才队伍，为劲佳包装的创新发展奠定了基础。在设计方面，劲佳包装通过专业化、年轻化、工匠精神的设计团队，在包装设计方面进行新思维、新逻辑、新价值、服务意识方面的创新，荣获印刷包装设计多类奖项。产品的图案设计和结构设计则在客户需求和生产智能化的前提下，融入了文化、科技、特殊工艺等，并进行绿色化、人性化、审美观、收藏价值等方面的创新，将传统的包装设计变革为具有多元化价值，又不过度包装的绿色艺术品。

此外，劲佳包装还积极推动技术创新、生产创新和设备创新。如在技术创新方面，劲佳包装开发了彩盒包装机械视觉识别系统，以利于调整操作幅度，并方便排除设备故障和进行远程诊断；在生产创新方面，劲佳包装统一不同设备的接口，使彩盒包装成型机与覆膜机、模切机、码垛机等即时联动；在设备创新方面，劲佳包装又对包装机械进行模块化功能扩展，采用基于 PC 的软控制技术和分散式驱动技术，通过简单、标准化的接口进行连接，将硬件和软件打通，实现控制层面的模块化通信，使原本需要人力机械操作或人工操作的工作内容，通过第三方智能传感器和应用程序，进行自动调整，实现一键式生产。

据统计，通过各项创新举措，劲佳包装年产值平均提升 20% 以上，设备功率提升超过20%，综合成本降低15%以上，产品合格率提高5%以上，产品的生产周期减少20%，生产效率综合提升20%以上。此外，劲佳包装的服务水平与市场竞争力也得到了显著的提升。

三、融合发展

向上下游敞开怀抱，交流互动，勇于尝试，研究工艺，实现共赢，这是劲佳包装的融合发展之道。

在2020年印刷包装产业经济论坛暨全国印刷经理人年会上，总经理杨义怀曾特别强调"同行不是冤家"这一理念，并尽可能寻求强强联合，共同满足客户更加广泛、更加高标的需求。

在此理念的指引下，劲佳包装一方面加深与上游造纸厂的合作，保证产品原料品质；另一方面与配套设备厂家、油墨供应商等，建立长期友好的合作关系，共享设备维保、油墨调配等技术，实现共赢；同时充分利用自身优势，采用分工协作等操作模式，带动周边中小包装企业一起接单，共谋发展。

同时，劲佳包装也在积极扩展服务边界，与客户打造合作共赢关系。一方面，劲佳包装精耕细作，不断布局和开拓，已成为华中地区规模最大、产品配套最齐全的纸制品包装企业。另一方面，劲佳包装投资延伸至进出口贸易、酒瓶生产等配套产业，致力于实现客户"一站式购物"体验，进一步提高企业的综合实力。

从最初的纸制品包装公司逐步进化成品牌策划、产品设计、制瓶、制盖等全产业链覆盖的全能选手，劲佳包装实现了融合化发展。无论是产品外箱、彩盒、提袋以及不干胶商标等纸质产品的生产，还是聚丙烯颗粒、无纺布制品等塑料纺织制品的加工，抑或玻璃瓶深加工、贴花成品等，劲佳包装均能覆盖，可以有效满足客户一站式配套需求和多样化、个性化提升需求。

"除了不造纸，我们什么都做了。"杨义怀曾这样言简意赅地描述劲佳包装如今的业务，"客户只需提供产品理念，后续产品生命周期的所有内容我们都能帮助他们完成。换句话说，他们只需要提供酒就可以了。"

四、规模制胜

在智能升级、创新突破、融合开拓理念的推动下，劲佳包装快速实现了规模化发展。劲佳包装总占地面积超过740亩，其中总部湖北劲佳生产基地占地超过180亩，整个厂区按照绿色环保标准要求和智慧工厂设计布局，新建新型绿色环保型厂房及办公配套设施，公司的厂区建设规模和现代化标准等级已达到湖北省印刷包装企业的最高水准。

为保障客户的快速、精准、高效需求，劲佳包装以客户为中心，就近为核心客户建立生产基地，既为客户服务也为当地创收、就业等提供增值服务，充分提升企业的服务意识和履行社会责任。如为服务湖北客户，其在湖北大冶建立劲佳包装有限公司和劲华玻璃有限公司；而近年来，为了服务中部地区客户，安徽劲佳包装有限公司也在安徽亳州拔地而起。

亳州又称谯城，是闻名遐迩的中华药都、名酒之乡，坐拥四省交界的独特交通区位优势，拥有坚实的产业基础、丰富的发展资源和多元化的产业格局。新厂定居亳州，也体现出劲佳包装独到的眼光和敏锐的市场观察力。"我们定位的新厂一定要选在基础包装需求旺盛的地方，只要有客户需求，我们就迅速布点，再逐渐辐射半径300公里以内的区域，最终通过我们强大的设备工艺和服务实现以点概面。"杨义怀强调说。

从智能升级，到融合开拓，劲佳包装以创新为抓手，走出一条规模化发展的成功新路径。展望未来，劲佳包装更将始终秉承"共创、共享、共赢"的合作理念，本着敬业、创新、服务的经营理念，以精良的设备、先进的管理、优良的品质为客户提供增值服务，以顾客为中心，以做百年企业、树百年品牌为目标，着力打造现代化、标准化、智能化企业。

（2021年创新十强，原载于2021年第5期《印刷经理人》杂志）

第五章　融合启新

创客贴：从创意设计到产业协同，打造印刷互联网发展新模式

以创意设计为出发点，以 SaaS 平台运营推动实现产业链协同合作，创客贴积极探索"互联网+印刷"新模式。

近年来，数字技术飞速发展，以互联网、大数据、云计算为代表的多种新型信息技术与各行各业的联系越发紧密，融合程度不断加深，企业数字化程度明显提高。对传统印刷包装行业而言，数字技术发展成熟，不仅可以帮助企业解决人工成本增加、原材料价格上涨等经营难题，更为行业转型发展提供了新的方向。

作为在线设计领域的头部企业，成立于 2014 年的创客贴以线上创意设计为出发点，创新打造去中心化的"设计印刷一体化""智造"模式，简化传统定制印刷流程，现已成长为国内 PLG（产品驱动增长）模式最具代表性的企业之一，拥有 5000 万忠实的 C 端用户。通过为客户提供包含一站式创意营销内容生产、创意内容管理、创意内容分发和定制化视觉营销设计等综合性产品与服务，创客贴致力于为个人、企业、平台等不同群体解决多元场景下的创意需求。

一、打造多元一体化发展体系

一直以来，创客贴针对个人用户及企业，以为客户提供在线一站式的内容生产工具矩阵为核心，通过在线提供包括平面设计、视频剪辑、GIF 动态、AI 智能抠图工具等功能在内的综合服务，帮助客户解决设计成本高、企业设计师资源少等核心问题。

在通过与方正字体等国内知名版权机构达成战略合作，保证海量素材具

备相应商业授权的前提下，创客贴持续向客户提供更为丰富的工具产品和增值模板（图 5-1）。用户只需选择喜欢的模板，进行简单的编辑修改，就能完成符合印刷规范的精美设计，降低了设计创作的门槛限制，创作人均耗时从 3 天缩减为 30 分钟，大大提高了设计产出的效率。

图 5-1 创客贴平台

经过多年的发展，创客贴在产品体系构建方面收获了许多新成果。创客贴已经将服务内容场景从单一的平面设计拓展到了视频、文档、印刷包装等领域，逐步推出了创客视频、创客 3D 包装、创客抠图等更为多元的工具产品。

除了越发丰富的产品种类之外，伴随着个性化服务能力的不断提升，创客贴还可以为企业客户提供创意设计、创意制作等定制创意设计服务。基于不同企业客户对品牌调性和业务场景的不同需求，创客贴组建了专业品牌设计服务团队，可以根据客户需要，提出更具针对性的个性化设计建议。与客户达成设计共识后，创客贴将为客户提供全新的定制化模板与素材设计服务，并依靠强大的个性化生产能力进行数字化交付，实现 24 小时以内的快速出稿，以此解决广大企业客户对品牌视觉创意的需求问题。

不仅仅是传统视觉产品，随着技术实力的不断提升，创客贴进一步加快了在新技术领域探索的步伐。作为创意印刷制作业务中极为重要的一环，创客贴还推出了全新的 3D 包装印刷业务，进一步完善了企业服务体系。

二、以平台运营实现产业协同发展

就当下市场环境而言,终端客户对于印刷品的需求种类越发繁杂,但传统印刷供应商制作品类相对单一,难以满足企业客户对全品类、全定制的包装印刷需求,这也导致一个项目往往需要多家供应商共同承接,各企业在整条产业链中的分工也越发明确。

这种生产模式的稳定运行严重依赖各供应商企业间的合作协助,无形中增加了企业在沟通和衔接等方面的生产成本。再加上各企业在生产能力方面存在差异,为满足客户的需求,各企业必须做好统筹管理工作。这对企业自身的生产效率和交货控制等能力也提出了较高的要求。

为帮助行业解决这些生产难题,创客贴汇总了当下客户对商务营销物料采购的主要需求,并进行了标准化、流程化的梳理整合,在全国范围内筛选了上千家不同品类的优质供应商,以此搭建了属于自己的 SaaS 平台管理系统。借助 SaaS 平台的协调管理优势,创客贴能够在确保成品质量与物流运输的前提下,实现行业资源的有效整合,帮助企业提升在人员分配、资源利用率、印刷效率等方面的管理能力,提高企业生产效率。

除此之外,随着 SaaS 平台的日益完善,创客贴实现了企业宣传、地推展会、个性定制、办公文具、照片冲印、定制设计 6 大在线服务体系的构建。100 余种商品种类,2000 余款 SKU,品类丰富、应用场景齐全,在一站式解决用户设计及印刷需求的同时,还为客户提供贴心的售后服务保障,这正是创客贴能够在激烈的市场竞争中脱颖而出的制胜秘诀。

总的来看,创客贴通过完善且丰富的产品服务体系,创新地打造了去中心化的"设计印刷一体化""智造"模式,以此在打通上下游产业链的基础上,简化传统定制印刷流程,为企业客户提供集创意内容生产、视觉营销设计柔性定制、数字资产管理和互联网智能印刷于一体,覆盖生产、经营、营销全场景需求的一站式综合解决方案,帮助广大印刷包装企业大幅提高设计及物料制作效率,发掘企业内在潜力。

互联网的发展为印刷行业带来了重要的商机,但真正意义上的互联网印刷模式的构建仍需广大同人的努力。未来,在互联网背景下,印刷业还需进一步加快转型升级步伐，创客贴也将继续紧跟时代发展步伐，进一步发挥自身的技术与经验优势，通过在线设计 SaaS 平台赋能印刷产业供应链，提供更加智能化的产品和服务，为客户创造更多价值。创客贴将持续打造自身独特的印刷"智造"核心竞争力，在积极实现数字化信息技术与传统印刷有机结合的同时，进一步深耕印刷互联网领域，推动印刷行业转型发展。

（2022 年创新十强，原载于 2022 年第 3 期《印刷经理人》杂志）

赛可优：打造中央工厂，做综合文印解决商

从做生产中心，到搭建连锁模式，再到快速复制卫星店扩大布局，赛可优快速发展。

线下门店，线上下单，全年为客户提供设计、印刷、广告、制作、安装、配送服务……这是一家拥有50余家门店的新兴数字印刷企业，更是一家产值过亿元的综合文印解决商。从做生产中心，到搭建连锁模式，再到快速复制卫星店扩大布局，天津赛可优商贸有限公司（以下简称"赛可优"）实现了快速发展。

一、异军突起 强势来袭

2006年，在河北工业大学经济学专业读大二的刘灿，利用家乡湖南的复印机资源优势在学校里安装了两台复印机，发展起了复印生意。不到两年，复印社的利润就有三四十万元。

毕业后，刘灿创办了赛可优公司。"赛可优"谐音3Q，即Quick（效率快）、Quality（品质好）、Quantity（业绩高），意在为客户提供高效、优质、什么都能印的服务。"保质守时、高效低价"是刘灿定下的服务准则。

随着业务的开展，赛可优的发展逐渐步入正轨。而刘灿并不满足于只做生产中心，他在心中绘制了更大的目标蓝图。在做足了市场考察和前期准备的情况下，2016年，刘灿开始着力布局数字印刷加工中心，业务范围延伸、产品标准化、生产流程改造……2017年，一切准备就绪的赛可优步入了快速开店的进程，从此前的一年两三家店，加速到一年新开五六家店。

不到两年时间，赛可优线下布点超过 20 家，数码快印中央工厂、喷画工厂、赛可优品文化传播公司、赛尚印象广告公司相继成立。2020 年以来，疫情对经济造成重大影响，印刷行业也遭遇重重挑战，营收和利润整体下降。但疫情非但没让赛可优规模缩水，反而又开店 20 余家。

赛可优逐渐发展成为拥有 1 家中央工厂、50 家直营店面，为客户提供文化类一站式解决方案的全国连锁型企业，是数字印刷领域异军突起的闪耀新星。

二、"中央工厂+门店+线上"运营模式

赛可优立足天津，布局京津冀，采用"线上与线下""中央工厂与门店"相结合的方式，以"中央工厂+门店+线上"的三角模式为依托，为客户提供更快、更优质的服务。赛可优的中央工厂（图 5-2）位于天津，线下门店分布在天津、北京、河北、大连、重庆、青岛、浙江等省市，运营中心则设立在北京。

据刘灿介绍，赛可优的中央工厂分快印工厂和写真工厂，总占地 6000 多平方米。快印工厂拥有高速喷墨轮转和多台顶尖彩色打印设备、全自动后道设备，保质高效完成生产任务。写真工厂选用数十台全新进口爱普生写真机，以其高速度、高品质、高稳定性的优势，保证时效和品质要求。

印刷企业成功运营的核心在产品，而产品的核心在工厂。赛可优所有的直营门店，采用的是"重工厂、轻门店"的运营模式。

刘灿表示，赛可优的门店组织架构极为简单，普遍做到每家门店"1 个店长+1 个员工"，门店内设有自助打印机，顾客在手机端扫码下单自行打印，员工只需简单维持门店的正常运营，做好客户服务即可。而"工厂+门店"的运营模式，一来可以将门店承接的大活件拿到工厂去做，减轻门店的运营负担，方便门店管理，也支撑起工厂的运转；另外，中央工厂"十八般武艺样样精通"，从传统车间到数码车间，梳理好生产流程，不仅能缩短交货周期，让客户体验感更佳，更能形成品牌影响力，逐步扩张更多门店。

图 5-2　赛可优中央工厂

2021年，赛可优中央工厂又购进了高速喷墨印刷轮转机、型材机、相框机、高速激光雕刻机等设备，产能持续升级，承接业务更加多元，经营范围涵盖彩色打印、黑白打印、扫描、各类印刷品、标书制作、工程出图、文本装订、高清微写真、大幅面喷绘、广告制作安装、平面设计和其他个性化制作等。

如今，赛可优中央工厂启用全新域名，客户可以网上下单、门店取货再付款。工厂365×24小时和门店365×16小时的高效正常运转，保证客户工单及时准确交付。"中央工厂+门店+线上"的运营模式，为赛可优的稳定发展保驾护航。

三、修炼内功 加强人才培养

这几年赛可优很忙，忙着抬头奔跑，也忙着低头思考。在对外扩张、扩大经营规模的同时，刘灿也在着手进行人员调整和组织结构优化，持续不断地提升团队活力。

为了降低多家门店的管理难度，保持业务和门店的长远生存和发展，赛可优逐渐摸索出适合自己的门店管理模式——门店合伙人制。赛可优与店长达成合伙人制，让门店的业绩与管理人员相关联，减轻了门店运营的管理难度，提升了管理人员的责任感和存在感。

创业以来，刘灿一直持有"员工是赛可优最宝贵的财富"的观点，为此，他特别强调赛可优内部的人才培养与建设。

2012年，刘灿成立"赛可优俱乐部"，这是赛可优内部培训与学习的平台。"赛可优俱乐部"制订了周密的培训计划和等级考核体系，通过印前拼版技术、印后装帧工艺、各种设计软件的使用以及管理知识的培训，让员工在工作的同时逐步提升自我。"截至2022年，赛可优高级技能水平员工占比65%，通过初级、中级技能资格考试的人更多。"

除此之外，"赛可优俱乐部"的分支——"金牌店长训练营"，也为赛可优的发展源源不断地输送后备力量。"经过严格的培训，每年都有5～10名优秀学员走上店长岗位。"

这两年，由于疫情原因，赛可优加强了员工的线上培训学习。据统计，2021年，赛可优录课41节，直播17次，学习平台访问量达9678人次。从PS处理技巧到烫金注意事项，从CAD图纸打印到精装封面制作……赛可优培训课程累计达516节。

"不积跬步，无以至千里；不积小流，无以成江海。"未来赛可优会继续紧跟时代发展潮流，秉持"3Q"标准，以"什么都能印"为生产目标，不断提高自身服务水平，与员工同进步，与客户共成长，为开辟印刷业发展新路径、构建印刷业发展新格局而努力。

（2022年创新十强，原载于2022年第3期《印刷经理人》杂志）

吉广国际：用实力诠释"印刷+文化"的无限可能

完美融合文化创意与印刷，吉广国际诠释了印刷企业的创新经营之道。

在全球化竞争加剧的当下，各行业都在经历优胜劣汰的洗牌，综合实力和创新创意逐渐成为企业经营的关键要素之一。具有成长性和创造价值能力的优秀印刷企业更能抓住时代赋予的机遇，不断寻找自我特色，实现跃迁。吉林省吉广国际广告股份有限公司（以下简称"吉广国际"）作为东北三省专业化、规模化、一体化、智能化的绿色印刷企业之一，凭借文化创意与匠心工艺，以及韧性成长的姿态与追求卓越的态度，为客户提供更好的产品和服务。

一、印刷不止，创造无限

吉广品牌创立于1991年，已有三十余年的发展历程。吉广品牌旗下包括三大核心板块：出版印刷、整合营销和广告园区。在经济高速发展的90年代，吉广正式进军广告喷绘，于1993年成立长春吉广国际实业发展有限责任公司，2012年成立吉广国际。吉广国际不断与时俱进，探索成长，二十年来从中国东北出发，布局全国，接轨国际，形成了可以为汽车、医药、快消、印刷、旅游等不同行业客户服务的格局。吉广国际的背后是强大的吉广品牌力量，可支持其为全球客户提供创意设计、印刷、营销传播全链条的综合服务。

东北地区的实力强企如何炼成？传统的印刷企业又如何向综合性企业转型？或许吉广国际会给出答案。

建立之初，吉广国际在印刷领域就瞄准了品质化的发展模式。据吉广国际副总经理李明宇介绍，吉广国际在 2015 年通过了 G7 国际色彩标准化认证，2016 年成为吉林省首家印刷品出口贸易企业，2019 年成为阿里巴巴国际站数字北商金品诚企优质供应商。在稳步发展的同时，吉广国际率先迈出了探索升级的步伐。在印刷企业还在转型之路上探索时，吉广国际已经布局"印刷＋文化"，致力于打造现代工业新典范，拥有了属于自己的独特经营之道。

吉广国际前行之路的基础是印刷业务板块的雄厚实力和扎实经验。以儿童教育为重点，吉广国际与吉林出版集团、长春出版社、黑龙江少儿出版社等多家出版社达成了持续且稳定的印刷业务合作，通过不断升级产品形式提升产品质量，成为值得客户信赖的合作伙伴。

同时，吉广国际坚持多元化的发展思路，在汽车物料、高端商务印刷、文创产品开发方面开辟了属于自己的一片天地。不仅服务一汽大众、奥迪、红旗等优质汽车企业，还得到了欧亚、中东、金达洲、敖东集团等吉林省内龙头企业的信赖。吉广国际通过新颖的构思和韵味十足的文化，为客户设计文创定制产品，定制一体化的解决方案。近年来，不仅为一汽大众设计了"牛气·福来"年礼，也完成了奥迪、红旗等品牌的新年福袋等众多文创产品的开发。

从印刷出发，但不止步于印刷。自 2018 年以来，吉广国际积极拓展发展思路，以平台化思维打造产业链"传统印刷＋创意设计＋文创研发"的全新发展模式，实现了创意设计与印刷的融合。吉广国际在精良的产品和优质的创意设计的加持下，获得过包括营销类的"艾菲奖"，创意类的国际"金铅笔奖"、国内"长城奖"，其他类的"第八届中国包装印刷产品质量金奖""中华印制大奖银奖"等多项荣誉。事实证明，吉广国际将实力作为"妙笔"，已经在印刷与创意设计、文化、营销融合化发展的答卷上写出了属于自己的答案。

二、文化同行，创新无限

随着全球文化创意思潮的崛起，文化创意产业快速走进了消费者的视野。处于升级转型中的印刷企业开始面临着如何应对新潮以及确立自身发展方向的问题。吉广国际以印刷为基础，在印刷产业链条的下游也做出了有益的探索。

"印刷+文化"能创造怎样的未来？吉广国际在"印刷+文化"方面探索出了一条新路径。印刷术是中国古代四大发明之一，从隋唐的雕版印刷开始，发展至今有1400多年的历史，可谓源远流长，传播广远。

吉广国际立足自身优势，将关注点聚焦在中国历史文化的体验中，以印刷术为契机，在吉林省广告产业园区打造了"四大发明文化体验中心——印艺空间"。在体验中心中，人们可以探索中国古代四大发明的辉煌，参观印刷生产线、四大发明展览馆，开展国学培训、文创品动手体验等活动，真正实现"知识可亲见、文化可触摸、故事可聆听"的创意新奇体验，让书本上的知识变得立体化、具象化、生动化。

当前，吉广国际四大发明文化体验中心已发展成为吉林省吉广文化创意研学旅行基地，获得"吉林省首批研学旅行基地""长春市中小学五育教育实践基地""长春净月高新区中小学研学实践基地"等称号。吉林省广告产业园区不断创新发展，于2023年正式获评"国家级文化产业示范园区"，为吉林省文旅产业增添了新亮点，这是对吉广国际在"印刷+文化"上探索的肯定，更是其未来发展的重要方向。

吉广国际致力于让每位参与者都能感受到博大精深的中华文化，让更多人领略现代化印刷技术，感受非遗文化魅力。吉广国际将在"印刷+文化"融合发展的探索之路上持续创新。李明宇认为，吉广国际拼的是服务、质量、效率、创意。"我们的核心竞争力就是优秀的创意团队和长期的发展经验，在印刷行业不断向上的时刻，我相信我们一定会以服务和实力，开创出属于自己的天地。"

在"印刷+文化"板块，吉广国际继续坚持探索，发挥好吉广国际在文化传媒领域的优势，打开思路，布局"互联网营销"，通过直播、短视频等方式帮助传统印刷客户解决营销难题，拓展新消费群体。同时，在传统的印刷板块，吉广国际将会继续围绕"绿色化、数字化、智能化、融合化"发展思路，持续打造"吉林省精装书生产基地"品牌，在印刷包装等领域进一步拓展。

回望点滴发展历程，吉广国际以品质化的发展理念和强大的实力，服务过全球 25 个国家超 180 家客户，为客户提供专属定制、创意设计、国际物流等一站式服务。不难发现，在印刷企业创新发展之路上，吉广国际已经留下了深深的足迹。未来，依然可期！

（2023 年创新十强，原载于 2023 年第 3 期《印刷经理人》杂志）

摩环文化：以无限创意，让品牌 IP 绽放全新活力

依托惊喜无限的创意设计，摩环文化以自身品牌 IP 的打造为核心，彰显品牌文创的无限可能。

近年来，文创产品因其别具一格的创意设计，越来越受到年轻消费者的青睐。印刷包装作为产品品牌价值极为重要的展现形式，其本身就蕴含着巨大的文创潜力，而这份潜力也催生出了一大批文创企业，上海摩环文化股份有限公司（以下简称"摩环文化"）便是其中的佼佼者。

一、让创新根植于企业内核

作为一家成立于 2020 年的"年轻"企业，摩环文化在文创包装领域有着自己的独特理解。"文创行业发展的核心，在于把握消费者的心理，以此调动消费者的情绪，进而形成情绪消费。而这也是传统印刷包装行业为产品赋能，发展第二增长曲线的一种绝佳方式。"摩环文化总经理董豪如此介绍道。

基于此，摩环文化在经营方面采取了 C2S2B（供应商、渠道商赋能）的服务模式。"从需求端出发，以包装为载体，通过与动漫、插画、影视、游戏、文物等跨领域的生态联动，为产品赋予更多价值。"而事实也证明了摩环文化在企业经营模式上选择的重要性。通过与诸多品牌商的良好合作，仅一年多的时间，摩环文化就凭借数量繁多的高品质文创产品，逐渐发展成为一家在标签、软包装领域"小有名气"的新兴文创企业。

当然，一款优秀的文创产品，离不开设计者别出心裁的创意灵感，而摩环文化的成功，也必然离不开每名团队成员的贡献。对于企业创新动力的源泉，董豪介绍道："我们企业凝聚了一批极具创造力和创新精神的青年员工，他们平均年龄都在 30 岁上下，正是乐于接受新事物，并'敢想、敢拼、敢干'的年纪。除了具备较强的学习能力和活跃的创新思维之外，我们的员工还具备极为敏锐的市场洞察力和多元化的价值观，这也使他们在文创方面总能创意百出，为广大用户带来意想不到的惊喜。"

在这样一支极具朝气活力的创新团队支持下，摩环文化各种文创产品层出不穷。"我们的产品不再'以包装为单位'，而是采取'以 IP 为单位'的新文创生产方式。"通过与品牌方的合作协同，以终端用户需求为突破口，摩环文化可以更具针对性地为品牌方提供从创意设计到包装生产、再到销售推广的一站式文创服务。

与金庸故乡海宁市政府合作推出的"侠意海宁"城市印象插画系列文创产品，便是摩环文化的代表之作。该文创产品通过将武侠元素、城市风貌与包装设计相结合，在突出"金庸故乡"这一特点的同时，还能向广大终端用户进一步展示海宁的独特风貌与文化内涵，提升产品的文化价值，实现共赢。

二、以独立品牌开拓发展新方向

伴随着企业的发展，摩环文化在与其他品牌合作的过程中，也逐渐意识到了品牌形象对推动企业成长的重要性。为此，在继续与品牌方跨界合作推出联名文创包装的同时，摩环文化也逐渐创立了属于自己的高端休闲零食品牌——"魔究"。

"魔究"品牌的 IP 形象灵感来源于《山海经》的白泽形象，它在中国古代神话中是一只羊形神兽，具有崇高的地位，也是祥瑞的象征。"更巧合的是，我们 5 个创始人里面有 4 个都属羊，这也是我们最终选定将白泽作为'魔究'品牌主形象的原因。"董豪风趣地介绍道。

除了主形象之外，如何树立 IP 也是摩环文化需要解决的核心难题。面对这样的困局，工程师出身的董豪却以一种意想不到的方式打破了品牌创立之初的发展僵局。

"在大众传统的认知中，品牌的树立需要经过内容传播、粉丝积累、流量变现等阶段。但是这种方式运作周期长，而且粉丝用户的关注点往往聚焦于品牌所推出的内容，而非品牌本身，这种情况就可能导致品牌对于粉丝的定位不够准确，进而对后续流量变现效果产生一定的影响。"

基于上述思考，摩环文化决定采取直接推广品牌产品的方式，让粉丝积累与流量变现两大环节同步进行。对此，董豪解释道："流量变现，离不开品牌粉丝的支持。我们这种做法的本质在于以文创产品替代内容制作，让粉丝的关注点聚焦于产品与品牌本身之上，进而实现快速变现，帮助企业实现盈利。"

然而，这样的做法却面临着一个巨大的风险，那就是如何让产品快速取得终端用户的青睐。实际上，这也是摩环文化最初所考虑的问题，而坚守产品质量、不断试错便是摩环文化在长期生产实践中得到的最佳答案。

早在企业成立之初，摩环文化便引进了惠普 Indigo 20000 等优秀的数字印刷设备。借助其强大的小批量生产能力及高质量的印刷品质，摩环文化能够凭借极小的成本，以市场为准绳，对旗下众多的文创产品进行筛选，从而实现优中选优。就连"魔究"品牌的食品供应商，摩环文化也有着极为严格的选择标准。"无论是文创包装，还是食品本身，我们都希望能够借助严格的挑选工序以及高品质的印刷包装，使我们的产品在终端用户心中留下高端、安全的印象，而这份印象最终也将反馈到'魔究'的品牌形象上，进而实现以产品变现树立品牌形象的目的。"

品牌的树立，在提高企业知名度的同时，也帮助摩环文化实现了业务的全新拓展。除了先前介绍的一站式文创服务模式之外，摩环文化还能凭借自身品牌 IP 的影响力，与供应商、渠道商进行合作，以供应协同网络取代传统的线性供应链。在为终端用户提供文创产品的同时，通过协同合作，摩环文化也将以品牌影响力对供应商、渠道商等合作伙伴形成反哺，进而实现多方共赢。

围绕"数字让包装更有趣"的理念，以包装为核心，以品牌为助力，摩环文化实现快速发展，所依靠的不仅是独特的一站式全流程创新服务模式，更是一种勇于突破、敢于创新的精神内核。

对于摩环文化未来的发展，董豪显得信心满满："未来，我们将继续深化企业 IP 的打造。除了线下宣传、推出'魔究'系列表情包等方式之外，我们还将通过开设线上直播、在京东等网络平台建立专卖店等方式，对'魔究'品牌进行多方位的展示推广，从而构建起完善的线上线下推广体系。待品牌相对完善之后，我们还希望能够走出印刷包装这个圈子，借助跨界发展，为企业探索更为广阔的文创空间。"

（2021 年创新十强，原载于 2021 年第 5 期《印刷经理人》杂志）

四维传媒：创造出版印刷领域的"元宇宙"

全方位加速融合，扩大线上线下的价值增量，以数字内容资产化赋予传统出版数字新生。

上海四维文化传媒股份有限公司（以下简称"四维传媒"）成立于1995年。企业成立至今的近三十年间，行业一直关注着它的转型和变化。时间的浪潮退去后我们才发现，在董事长罗险峰带领下，四维传媒在每个转型的关键节点都在尝试突破重围，一次次创造着属于未来的新世界。

一、四维传媒，创新之路

四维传媒最开始的业务是平面广告设计制作，赶上了商场、超市客户的DM单热潮，并逐渐站稳了脚跟。"第一桶金"的来源稳定后，四维传媒又投资打造了属于自己的印刷厂，被当时的媒体贴上了"广告、出版、印刷、物流"全产业链的标签。如今，四维传媒已经发展成为一家以创意设计、文化传媒、数字出版等为核心的综合性文化企业。

四维传媒在发展过程中一直有着"互联网"和"创新"的基因。2015年，罗险峰就成立了创新研发团队，完成了智能创意SaaS服务平台的构建，运用人工智能创意设计的"客、网、创"三体融合的模式真正实现了人机对话。当尝试和探索逐渐成为现实，四维传媒就此形成了"两中心＋一平台"的创新架构，由在线创意、中央图库、数字化绿色印刷和数字资产管理等系统共同组成了数字化服务体系，以便于满足全球客户需求。

此外，在"互联网"基因和印刷实力的加持下，四维传媒在稳步发展国内出版业务的同时，也在全力拓展国际文创市场，与迪士尼、美国四大职业体育联盟等全球知名 IP 公司建立了长期的合作关系。

罗险峰说道:"四维传媒在印刷出版物和文创产品方面经验丰富,仅涉及数字内容制作、管理相关的计算机软件著作权就积累了 200 余项,全部来自自主研发,并将其广泛应用于数字传媒领域的数字出版、云设计及数字化绿色印刷。"也正因如此,四维传媒在数字出版领域才具备了一定的话语权,成为数字传媒技术应用服务领域的高新技术企业。

在罗险峰的带领下,四维传媒于 2013 年成功登陆新三板,2016 年 6 月首批进入创新层。凭借过硬的数字内容制作和绿色印刷技术,四维传媒赢得业内认可的同时,也获得了业绩的增长。数据显示,四维传媒 2019 年至 2021 年分别实现营收 5.38 亿元、7.35 亿元和 8.23 亿元。

二、四维新意,开启数藏

在数字化浪潮的冲击下,四维传媒发觉传统出版机构等客户面临着发行量减少、青年读者群体黏性不高、出版内容及形式单一等问题。而四维传媒正在布局数字产品平台与数字藏品的开发,有助于解决传统出版行业客户所面临的未来危机。

罗险峰强调:"出版社并不应该以单一销售图书为目的,它有很多的 IP 都可以作为数字产品来销售,变成一个新的营收增长点。随着线上线下发行量的扩大,出版印刷行业的产能也会进一步提升。"

他敏锐地感受到了客户的痛点,因而尝试通过数字藏品以及平台的构建帮助客户破局当下发展难题,在增加新营收增长点的同时,又能进一步吸引年轻读者,助力传统出版业务升级,引领客户跨入新世界。作为行业内第一个敢于"吃螃蟹"的人,罗险峰充满自信:"国内尚且没有一家探索 NFT (Non-Fungible Token)的企业构建的数字平台是专门服务于出版印刷行业的,四维传媒已经在印刷行业中沉浸了多年,也具备创新的基因,很多相关资源与经验都是不可替代的。"

对印刷行业的从业者来说,数字藏品是对于传统出版印刷观念的一次更新。根据相关研究,数字藏品为数字出版物的一种新形态,使用区块链技术，对应特定的作品、艺术品生成的唯一数字凭证，在保护其数字版权的基础上，实现真实可信的数字化发行、购买、收藏和使用，并成为可以永久拥有、认证、追溯的数字资产。

"过去的收藏品是实物形式的，如今，照片、画作、音乐等作品、艺术品皆以数字形式在互联网上呈现，我们运用区块链技术对其加密，使之成为在互联网上可交易的唯一数字资产，就成为一件数字藏品。"四维传媒数字藏品业务团队负责人唐观铭解释道。

2022年初，四维传媒成立了数字藏品NFT的技术研发团队，专注于数字内容的研发。唐观铭提出："在年轻人的生活中，线上是很重要的部分，数字资产或将成为衡量价值的新标准。我们的数字产品平台的宗旨就是以数字藏品为契机，为传统出版业提供线上的增量，通过线上和线下的交互形成双重价值。"

此外，四维传媒还与上海世纪出版集团旗下杂志《故事会》签订了数字藏品的战略合作协议。

2023年4月，四维传媒的手机应用程序"i得数藏"数字文创平台正式亮相，四维传媒与《故事会》首次合作首发数字藏品。

4款文创产品融合了《故事会》历史上比较有代表性和历史意义的元素。例如，其中一款名为"故事会1963年创刊号"的数字藏品呈现的内容来自《故事会》1963年创刊第一期封面图，发行总量为1963个。

"以'数字藏品+纪念特刊'形式，重塑《故事会》品牌价值，在激活传统IP历史沉淀的同时，全方位加速融合，扩大线上线下的价值增量，以数字内容资产化赋予传统出版数字新生，"罗险峰强调，"就是要把《故事会》的销量提上去，将年轻的群体引进来。"同样，这也是大部分出版行业客户最想达成的目标。

三、四维宇宙，创新不止

印刷是古老而又充满新生的行业。四维传媒正在印刷行业中不断创新，引领创造未来。

在罗险峰看来："我看过很多海外公司，现在都不叫印刷公司了。从设计开始，介入文化产品，介入完稿制作，印刷只是最终的一个实现方式。"印刷早已不是依靠硬件设备拼价格与市场的传统的加工行业，而是根据客户需求打造的新的产业生态。四维传媒试图引领构建的正是"永不落幕的生态圈"，帮助传统出版行业的客户打通线上与线下，形成良好的出版生态。

具体来看，"永不落幕的生态圈"中有数字藏品、元宇宙出版空间、书友会等不同板块的构想，在生态圈中既有线上精致的数字藏品，又能够连接线下真实的人群。

在四维传媒的应用程序"i 得数藏"当中已经可以实现数字藏品的购买，更有"大元宇宙"的场景可以让消费者尝试作为个体完成书店购书和有声出版物的消费，产生线上与线下的新碰撞。

唯有实践出真知，将创新的理念落地并不容易，四维传媒深耕印刷行业多年，正在为印刷行业探索新发展之路，引领传统出版迈进数字化发展的新阶段。创新永无止境，四维传媒正在连接着虚拟与现实，创造着当下与未来互联的新时空！

（2023 年创新十强，原载于 2023 年第 3 期《印刷经理人》杂志）

包小盒：化繁为简，开拓包装行业创意设计新生态

以数字化打破传统包装设计局限，化繁为简，包小盒利用3D技术为客户带来更为简单、舒适的线上包装设计体验。

近年来，随着我国电商生态的日益完善以及众多国潮品牌的快速崛起，为实现品牌间的区分，个性化的创意包装逐渐成为当下的市场主流。往往越是个性鲜明、与众不同的包装设计，越能够吸引广大消费者的关注，成为帮助产品在激烈市场竞争中脱颖而出的决胜利器。

但想要打造一款优质的包装产品绝非易事。除了高昂的研发投入之外，无法精准对接终端消费者的包装需求，也是困扰众多品牌厂商的一大难题。同时，越来越多的品牌开始关注个性化产品的打造，小批量、定制化的印刷包装产品逐渐成为市场热点。为帮助广大企业解决小批量订单设计修改繁杂、工厂接单成本高、交付周期长、客户使用体验差等问题，在线3D包装设计工具——包小盒应运而生。

一、让包装设计简单化

包小盒是由杭州片段网络科技有限公司自主研发的在线3D包装设计工具和印刷电商服务平台。包小盒以包装设计工具为入口，链接包装设计、印刷产业生态，提高生产效率，为广大企业用户和C端设计师提供更简单的在线包装设计解决方案和服务。

"让包装设计更简单。"这是包小盒一直以来所遵循的发展理念，也是其最终目标。为了能够给用户带来更为舒适的线上服务体验，包小盒的后台数

据库内置有上万款模型、盒型模板，适用于诸多行业，且无须安装下载任何软件便可实现在线云端编辑。即便是没有任何经验的普通小白用户，也可以在编辑器中通过简单的"拖拉拽"等操作，轻松实现 3 分钟设计、10 秒钟出图的高效创意包装创作。更重要的是，包小盒能够帮助客户解决小批量定制生产难题。

除了拥有海量的优质设计模板、实时稳定的自动报价体系以及简单易懂的操作系统之外，包小盒还率先引进了诸多一流的数字化印刷设备，其中涵盖爱普生、惠普等国际知名品牌。依靠智能化的工业生产解决方案，包小盒很好地解决了人力成本和生产效率间的矛盾，在提升客户下单率的同时，能够以极高的印刷品质满足企业对于小批量生产速印的需求。

包小盒软件被广泛应用于多种印刷包装设计场景，帮助不同的机构和个人解决了快速输出包装设计方案及印刷刀版图、包装产品图快速渲染出图、包装结构 3D 展开等问题。凭借"简单、智能、高效、美好"的产品特点，包小盒逐渐收获了阿里巴巴国际站、企业微信、站酷、立方甲等品牌客户的青睐。在与各大品牌的合作过程中，包小盒也在不断完善自身服务体系、丰富产品类别，以此不断践行"用户至上、拥抱变化、成就彼此、干净诚信、艰苦奋斗"的品牌价值观。

二、在线 3D 包装设计的探索

在疫情的冲击下，线上办公已经成为一种全新的工作模式，同时终端消费者对在线设计的需求也逐渐增加，以创客贴、Canva、Figma 为代表的在线设计平台逐渐受到更多消费者的关注。而在长期的发展探索中，包小盒发现不仅仅是平面内容设计，很多专业的创意设计人士对于 3D 模型包装的需求也在与日俱增。

为满足广大设计师对 3D 包装设计的需求，包小盒与创客贴达成了战略合作。由包小盒为其提供从 3D 包装设计到盒型刀线图、再到成品渲染的一体化解决方案，让广大设计师天马行空的包装设计得以实现，真正做到"所见即所得"。

在这款 3D 包装设计方案中，包小盒始终坚持让包装设计"简单化"的理念。对没有设计经验的普通用户而言，不但可以直接在中意的模板上，对产品形象、图片素材和使用文字等内容进行简单替换，从而实现包装编辑，还能够通过直接上传已经设计好的 PSD/JPG/PNG 等平面素材进行 3D 立体合成。依靠强大的数据分析能力与 3D 模拟技术，即便是复杂的 PSD 文件，包小盒也能够在线上进行精细化的编辑处理。

图 5-3　包小盒平台

为了满足客户的个性化定制需求，包小盒在其 3D 包装设计方案中不仅预置有丰富的盒型、模型模板，模板中的各项参数还可以按照客户的喜好进行自定义调节。用户只需要选择一个初始盒型，便能够根据需求调整礼盒尺寸。与此同时，包装盒上的设计元素也会根据尺寸自动同比例缩放。通过对包装的尺寸、材质、厚度等要素进行调整，用户能够以此创作出属于自己的创意包装。设计完成后，包小盒还能够为客户提供成品图纸，输出标准且符合印刷生产规范的刀版图。

一般来说，平面设计师在完成包装设计后，还需要为客户进行成品展示。而传统 3D 渲染软件对用户的计算机等设备硬件条件有着较高的要求，当设备配置较低时，渲染工程不仅会花费用户大量的时间，还可能因为系统运行的不稳定影响成品质量。针对这一问题，包小盒对其在线渲染功能进行了定向优化。终端用户只需选择好合适的内容场景，调整好构图比例，即可开始在线渲染。只需 20 秒，用户即可获得最大为 4K 超高清的包装成品图片。

在此基础上，包小盒还成功研发出了独特的替换式视频棚拍技术。除了图片之外，用户还可以将自己的包装成品与预设的视频场景中的主体进行替换，从而实现宣传视频的创作。这不仅大大提升了品牌商家与设计师的工作效率，用户还可以将这些包装成品的图片与视频快速应用到电商网站等平台的宣传页面，为产品后续的落地销售赢取先机。

包小盒正通过个人版、企业版、国际版等产品致力于服务 200 万的创意设计师以及包装行业从业者。面对当下"新智造""新零售"等行业大趋势，包小盒将致力于以包装设计数字化流程为更多的印刷包装企业赋能，在与更多行业伙伴开拓 3D 包装设计生态的同时，加快行业的数字化转型升级。

（2022 年创新十强，原载于 2022 年第 3 期《印刷经理人》杂志）

长江印业：打造自主品牌，以文化创意赋能传统印刷

创建自主印刷文创品牌"一箱情愿"，专注纸品文创设计，长江印业以创意设计赋能印刷，助力转型升级。

随着互联网时代的飞速发展以及传统纸媒的数字化转型，印刷产业不可避免地受到一定冲击。加之行业产能过剩、同质化竞争激烈等问题越发凸显，印刷行业的转型升级已成为业内共识，企业多元化发展成为必然趋势。为了更好地适应市场需求和顺应时代潮流，一批拥有创新力的优秀印刷企业积极寻求转型，通过不断加强产品创新力，提升行业竞争力，持续赢得市场的认可和支持，浙江长江印业发展有限公司（以下简称"长江印业"）便是其中之一。

1997年，怀揣一个浸满色彩的梦，长江印业诞生于浙江宁波，为客户提供全方位纸制品生产和包装印刷服务。一方水土养一方人，这座有着悠悠吴越文化历史的海滨之城孕育了锐意进取、敢于开拓的长江人。凭借一往无前的勇气和优质的品质服务，如今，长江印业在总经理周煜盛的带领下，打造自主品牌，推动"印刷+文化创意"的创新战略，逐渐发展成为宁波印刷行业领军企业。

一、印刷+文创，变与不变？

近年来，全球化文化创意潮流兴起，"文创风"大行其道，文化创意产业逐渐成为国家重点发展的产业。与此同时，文创市场快速扩大，并向原

创生产倾斜，逐渐进入发展机遇期。面对这一趋势，传统印刷企业应当如何应对？

"变"与"不变"之间，应当如何抉择？从小跟随父亲在印刷厂长大的青年企业家周煜盛，对于传统印刷行业有着极深的情怀。一边是"守"，一边是"破"，站在这个十字路口，周煜盛经过深思熟虑后拍板决定，带领长江印业果断入局、抢占先机。

"既然我们有这个资源背景，那么就大胆去变。印刷是核心血液，在传统印刷基础上加入创意新颖的文创设计产品，打造出一个可以真正实现创意和产业结合的纸品文创品牌，让长江印业迸发出崭新的生命活力。"周煜盛如是说。

2021年，长江印业自有纸品文创品牌"一箱情愿"横空出世，专注纸品研发设计，以各类纸材料为主体，以市场需求为导向，积极开发新产品和新材料。得益于前期的充分准备和积淀，"一箱情愿"品牌一经落地就不断输出一些创意概念，依托工厂力量的优势，探索在不同的创新视角下更大程度凸显印刷纸品闪光点的模式。

正如周煜盛所言："我们推出'一箱情愿'，不仅是为了打造自主品牌、焕发印刷+文创的创新活力，而且期望能够通过推广环保材料，降低塑料带来的环境污染，尝试纸纤维在各类场景应用中的可能性，通过原木原纸来找寻纸品与生活的关联，实现真正的循环，达到回归本我的生活态度。"

"一箱情愿"，凝结了长江印业这一路以来继承与创新的结果，这是长江印业迈出的一小步，也是印刷行业寻求转型升级的一个精彩缩影。

二、打造爆款，树立自主品牌

主动求变是长江印业不断突破自我的第一步，那么如何打造爆款，并让更多的人看到，则是摆在周煜盛面前的另一个考验。

在周煜盛看来，当今印刷行业同质化竞争明显，只有实现差异化才能在商战中屹立不倒。此外，随着全球对于环保问题的日益关注，印刷行业也正在积极向绿色化转型，未来纸质产品凭借其轻便、环保、印刷效果优良等优势，市场发展潜力巨大。

基于这样的理念,"一箱情愿"深入挖掘新消费环境下年轻群体的需求,紧紧围绕便捷性、新奇性、环保性这三大重点进行创意纸品的研发,主要在家居用品、宠物用品、纸类文创、儿童玩具四大领域探索更多的可能性。

"一箱情愿"陆续推出了"围炉煮茶一次性纸质烤炉""儿童涂鸦 DIY 童趣小羊凳""可折叠一次性外出便携猫厕所""瓦楞纸宠物猫窝/猫抓板"等多种爆款产品,它们携带轻便、造型独特、充满趣味性,并且所有产品可以在线交付、一件起订,迎合了市场小批量、个性化的需求趋势。

值得一提的是,在"一箱情愿"产品的研发过程中,环保理念也是贯串始终的核心所在。"一箱情愿"所有推出的产品都主打全纸无塑的创新环保路线,通过有趣和实用的产品创新来减少生活中一次性塑料的使用,利用新颖的产品设计来实现当下的低塑理念。

"我们期望转变传统包装和产品的模式,从不可降解向可循环材料过渡,合理利用再生资源,实现经济的循环发展,最终将'一箱情愿'打造成为一个集创意、品质和环保理念于一体的新兴文创品牌,不断在纸品文创领域推陈出新。"周煜盛如是说。

在这一路的摸索中,长江印业越发坚定和明确了理念和目标,在重视产品的研发和创新的同时,也开始加强品牌的建设与营销。"一箱情愿"的团队具有强烈的品牌主体意识,通过线上+线下多渠道结合的方式进行品牌宣传:建立品牌社交账号,直接和消费者进行对话互动,从而更深入地了解客户的痛点和痒点;通过参与主题创意市集和展会,结识志同道合的新伙伴,开拓了许多潜在合作资源。

纵然时代瞬息万变,但不变的是长江人骨子里一脉相承的文化和梦想基因。站在时代发展的前端,长江印业用时间证明了当时的选择是正确的,用文化创意为印刷赋能,积极开展技术革新,不断在自我突破中追寻完美,有效提升了服务客户的水平和能力,为整个企业注入了新鲜活力。

展望未来,周煜盛信心满满:"印刷创新的道路尚漫漫,接下去的每一步都还需要每位长江人扎扎实实走下去。只有用持续的创新和活力去弥补印刷行业的缺失,切实为企业解决痛点,才能在整个印刷行业中闯出一片新天地。""惟进取也，故日新"，相信不断寻求突破的长江印业在未来能够攀登新的高峰！

（2023年创新十强，原载于2023年第3期《印刷经理人》杂志）

世纪开元：走好印刷产业互联网之路

在国家工业和信息化部办公厅公布的2021年工业互联网试点示范项目名单中，世纪开元的印刷行业大规模个性化定制解决方案被评选为"工业互联网平台+供应链协同解决方案试点示范"，这是印刷行业国内首个针对大规模个性化定制方向的工业互联网试点项目。

一、关于2021年工业互联网试点示范项目名单

据悉，2021年工业互联网试点示范项目名单是根据《工业和信息化部办公厅关于组织开展2021年工业互联网试点示范项目申报工作的通知》（工信厅信管函〔2021〕249号）（以下简称《通知》）要求，经企业自主申报、地方推荐、专家评审和网上公示等工作，最终评选出的。

《通知》指出，为深入实施工业互联网创新发展战略，促进工业互联网融合应用，为进一步提升工业互联网网络、平台、安全等设施建设和融合应用水平，推动"5G+工业互联网"发展，发掘推广更多新模式、新业态、新场景，充分发挥工业互联网在提质、增效、降本、绿色、安全方面的重要作用，工信部门组织开展了2021年工业互联网试点示范项目申报工作，试点示范共设置了4大类、17个方向。

其中，"工业互联网平台+供应链协同解决方案试点示范"要求着力解决供应链透明度不高、数据链条不贯通、物流效率低、物料供需不平衡、库存风险不可控等问题，能够汇聚上下游的采购数据、生产数据和销售数据，打通数据链条，形成协同采购、实时跟踪、动态调度、快速交付、智能预警等线上线下联动的供应链协同解决方案。

二、世纪开元旗下子品牌益好定制专注小批量

世纪开元的印刷行业大规模个性化定制解决方案被评选为"工业互联网平台＋供应链协同解决方案试点示范",这是国内印刷行业首个针对大规模个性化定制方向的工业互联网试点项目。

与传统印刷行业大客户、大订单的模式形成差异化的是,世纪开元旗下子品牌益好定制始终专注小批量、大规模个性定制,大部分的产品能够做到"一件起订",每天会接待来自全国各地,乃至海外的六七万个订单,进入工厂更是会碎片成数十万订单,从下单到配送,整个过程非常复杂,订单处理、设计、配送……各个环节都有各种难关。

为了保证这数量庞大的订单每日能够正常流转,世纪开元搭建了印刷产业互联网平台,包含基础云支持体系、ERP 管理平台、新零售智慧平台、多渠道线上营销平台、众包设计师平台和柔性供应链智能制造系统等全套自主研发的系统,实现了下单、设计、生产、物流的全链路管控,以科技力量节省人力成本,力争在每个环节上精益求精。

例如,ERP 管理系统是订单分配、订单受理、订单查询、生产管理、物流发货等公司业务处理的平台系统。对接各个销售平台,从销售平台中拉取销售订单后,结合业务订单的处理至订单生产内部处理环节,同时对接各物流公司平台完成订单的发货处理。整个过程完全软件化管理,提高了订单处理的准确性和人效。

供应链管理系统以满足行业上下游协同发展为起点,通过系统连接供应链上下游的贸易伙伴,包含供应商、外协厂、客户等,实现订单协同、生产协同、交货协同以及物流协同等功能,打造"人、物、流一体化"供应链,向上要与供应商协同,向下要与客户联动,实现商流、物流、信息流和资金流的高效整合,通过互联网技术将企业与供应商打造成供应链闭环生态模式。

设计方面,根据众包模式与共享经济红利搭建的创意设计师平台拥有 40 万在线设计师,负责订单及模板设计,更自主研发了智能设计系统,以设计

师上传的模板为基础，支持用户自助设计订单，选定基础模板后可以任意增删图文、边框等素材，实现真正意义的个性定制。

柔性化智能印刷系统能够处理海量订单，低成本、高品质地完成小批量柔性化生产，通过自动拼版、自动调色，节省人力与时间，并实现快速交付。

各个环节都在 ERP 中有迹可循，产品的每个部分都能拥有自己单独的编号，在世纪开元益好定制的生产车间，哪怕掉到地上一张纸，工作人员也能快速地知道它应该放到哪里。

过去这些年，世纪开元取得了不错的成就，在"互联网+印刷"领域已经成长为领军企业，旗下子品牌益好定制，连续九年成为天猫双十一个性定制类目的第一名，世纪开元也已经连续六年入选"中国印刷互联网品牌20强"。展望未来，世纪开元将继续以"让天下没有难印的东西"为使命，不断探索新产品、新技术、新模式、新业态，通过对印刷产业互联网平台不断完善，持续为印刷行业的新旧动能转换践行新的方向。

（原载于《印刷经理人》微信公众号，2022年2月23日）

都能印：印刷电商+社交工具的发展新可能

印刷电商+社交工具，都能印创造性地解决了快速报价、高效成单的行业痛点，打开了印刷产业互联网发展的另一番天地。

加盟工厂100多家，线下服务店、业务店300多家，服务印刷企业2000多家，基本覆盖河南、山西、山东三省及周边城市，入驻平台企业年营业额超过20亿元，这便是河南都能印网络科技有限公司（以下简称"都能印"）交出的成绩单。

一、都能印，都能印

都能印成立于2014年，是一家助力企业品牌成长的印刷数字化服务平台。联合多家专业化、特色化印刷企业，线上统一接单、统一配送、统一售后、统一结算，线下分散生产，最终实现优势互补、共创品牌，这便是都能印成立之初，创始人王建全为都能印谋划的经营模式。

王建全，一名忠诚且勤勉的印刷从业者，在行业中打拼近三十年，其名下的另一家企业——河南弘盛联合印刷有限公司（以下简称"弘盛联合"），在商务合版市场也是响当当的存在。

都能印创始之初，王建全希望借助全新的印刷电商模式，实现印刷资源的整合。在其精心设计下，都能印由实体工厂+平台+服务店共同组成，通过印品打通并优化使用者到生产者之间的路网，为价值链上各方提供全方位的服务。其中，平台用以整合资源，服务店负责构建品牌，各实体工厂进行专业化、特色化分工，三者在印刷这个产业链条上各自创造自己的价值，力争透明公平，使印刷变得更简单、更方便、更省钱。

从单页、名片、不干胶，到画册、书刊、封套，到包装礼袋、纸杯纸抽、纸箱礼盒，再到 PVC 印刷、户外广告……简要浏览都能印商城上的业务分类，便会发现这一印刷电商平台的强大。

都能印的好处不只在于帮助印厂盈利，事实上，都能印追求的是客户与印厂的双赢。此前经常发生的情况是，客户同时拥有对笔记本、纸杯、画册、扑克牌等多项产品的印刷需求，如果逐项与印刷厂联系，不仅会浪费时间和精力，而且找到的印厂未必专业；而完全交由一家印厂负责，很可能因为其业务能力有限，最终无法保证质量，甚至产生纠纷。为此，都能印在每个细分市场只选择一家合作印厂，并要求入驻商铺提供该细分领域在当地的最低价格，往日的阴霾一消而散。

二、从电商平台到产业互联网

都能印成立之日，正是印刷电商平台在国内快速发展之时。然而在实现了"都能印"的目标后，与当时许多印刷电商平台一样，都能印也面临着严峻的流量转化问题。

与其他电商交易不同，印刷生意很难实现服务的标准化，不仅很多客户不习惯在网上自主下单支付，而且主要依靠人力展示产品和报价，沟通成本极高，接单效率很低。客户触达难、拓客难、转化难等问题，始终阻碍着都能印的进一步发展。更重要的是，尽管都能印有着完善的电商平台，但客户还是更喜欢使用 QQ 来沟通交流及传递印刷文件，工作效率非常低下。

针对这样的现状，王建全逐渐认识到："商业的本质是交易，交易离不开沟通，沟通一定为了交易。"解决交易难的问题，还是要从沟通下手。在王建全反复思考和多年的实践探索下，2020 年，一款连接印刷电商与社交工具的全新 SaaS 工具——腾讯企点网印通随之诞生。

腾讯企点网印通，简言之，就是针对印刷行业的私人定制版 QQ，能够承担印刷行业客户与企业沟通、交易等业务职能。这是都能印与腾讯云旗下的智慧客户运营平台——腾讯企点共同研发的成果。其产品本质在于独特的"社交＋电商"属性，不仅解决了印刷企业与客户在网络端的沟通问题，提升了订单报价速度与客户转化率，而且可以与企业内部的 ERP 开展互联互通，以此实现个性化定制服务，对加强印刷产业上下游的链接协同，提升产业效率和潜在价值，推动印刷产业数字化转型进程具有重要价值。

如在客户拓展方面，腾讯企点网印通可以根据关键词精准寻找客户群体，针对开放的客户资源以及潜在客户进行推荐。在业务承接方面，腾讯企点网印通还拥有产品展示、实时报价、即时下单、订单查询等功能，搭配安全可靠的电商管家线上收款服务，可以为印刷企业开展线上业务提供完备的技术支持，推动交易的达成。

运营多年，腾讯企点网印通也确实为印刷企业带来了实实在在的收益。据统计，使用腾讯企点网印通后，弘盛联合的客户综合报价时间缩短至 1 分钟，新品触达客户更快更全面。而腾讯企点网印通的另一家使用者吉润本册，在 5 个月的时间里，成功获客 50 余万人，并且平均每月能带来超 50 万元的营收。

通过腾讯企点网印通强大的链接功能，都能印成功实现由单一电商平台，向印刷包装产业数字化服务商的转变。然而，腾讯企点网印通的推出只是开始，都能印希望以此产品为起点，不断深入行业体系，为行业提供更多持续性的数字化服务。

三、线上与线下相结合

都能印的创新不止于互联网端。依托弘盛联合，都能印在保持商务印刷领先地位的前提下，正重点发展"袋子系列"产品和食品卡项目。其中，"袋子系列"有白卡纸、无纺布、牛皮纸等多款产品。都能印正通过技术创新降低生产成本，不断扩大"袋子系列"产品的产能和市场占有率。而在食品卡项目方面，都能印则正在与研发机构合作，通过喷墨印刷设备的研发与使用，实现纸杯等产品的按需定制，其精心打造的"唐诗三百首"纸杯也得到了市场的积极响应与反馈。

与此同时，在河南新乡，都能印智慧印务包装产业园项目也正在兴建之中。产业园占地约 65 亩，规划建筑面积约 12.44 万平方米，将成为都能印中国总部所在地。项目总投资 6 亿元，预期年产值 7.2 亿元，年纳税 1200 余万元，带动就业 1000 余人。

展望未来，在线上，都能印将继续推动电子商务平台的发展，并在不断完善腾讯企点网印通等 SaaS 服务产品的基础上，由 C 端逐渐向 B 端、企业以及整个产业扩展，逐渐打造 QQ 生态下的生态闭环，并以此进一步实现印刷产业互联网的构建；在线下，都能印也将依托实体工厂，通过技术创新，实现从传统合版印刷到数字喷墨印刷的升级发展，从商务印刷到纸袋、食品卡等更具市场潜力新兴产品的生产与加工。都能印希望能够与更多的行业同人一起，为实现印刷产业的互联互通和创新发展贡献力量。

（2021 年创新十强，原载于 2021 年第 5 期《印刷经理人》杂志）

隽思集团：积极拥抱数字技术，创建电商零售新模式

积极拥抱数字技术，打造自有品牌，创建新商业模式，隽思集团走出了一条与众不同的创新发展之路。

过年期间，家人相聚来几局桌游，过节好友间互发贺卡是维系关系的好方法，也开启了一扇好生意的大门。在整个纸质产品市场中，纸质桌游和贺卡市场份额或许不高，但在这个细分领域也诞生了不少优秀公司，隽思集团控股有限公司（以下简称"隽思集团"）便是其中的佼佼者。

依托丰富的制造、印刷经验及综合生产能力，隽思集团稳扎稳打、开拓创新，成为国内纸质桌游及贺卡印刷市场领军者之一，更于2020年在香港成功上市。

一、积极拥抱新技术，迈出转型第一步

1985年，隽思集团在香港注册成立，初期主要从事较简单的包装印刷业务。随着公司不断提升技术、优化流程及扩展产能，同时凭借优质的产品和服务，隽思集团迅速得到国际客户的认可，公司取得了快速的增长，业务拓展至欧美市场，产品则涵盖桌游（包括纸板游戏、纸牌游戏及拼图）、贺卡、幼教用品、包装彩盒及各类型客制化纸制品和礼品（如卡牌、包袋、服装等）。

回顾发展历程，隽思集团始终积极拥抱变化，在印刷领域不断突破自我，大力发展数字化技术，寻求转型升级与持续增长。对于行业数字化流程的兴起，隽思集团果断入局，抢占先机。2000年初，隽思集团率先采用各种

数字化印前流程，如 CTP 计算机直接制版系统及软打样等，成功实现了数字化转型的第一步，为企业发展注入了新活力。

随着电商零售的日益普及，按需印刷成为未来的必然趋势之一，机遇也逐渐孕育而生。隽思集团基于自身未来发展战略以及对行业需求的判断，开始由传统制造业向服务业经济转型。服务型制造是制造业创新发展的重要模式，是制造与服务深度融合、协同发展的新型产业形态。正如集团董事陈宏道先生所讲："我们觉察到这其中具有广阔的想象空间，大有可为！我们的血液是印刷企业，但是我们的外表是可以变化的，我们前台完全可以做一些与消费者有关的产品。"

正是基于这样的考虑，隽思集团决定，在稳定原有市场的同时开拓新市场。隽思集团开始聚焦互联网与数字印刷业务，进一步深耕市场，打造了自营电商平台，聚焦客制化订单，实现小订单规模化生产。

二、借势互联网，开启新征程

2010 年，隽思集团抓住机遇借助互联网拓展销售网络，通过自营电商网站及第三方平台提供各类纸制品及礼品的个性化印刷服务，在东莞工厂内设立数字生产中心。同时为了配合网上业务需求，隽思集团在国内注册"正印坊"品牌。此外，隽思集团还与多家博物馆、知名 IP 合作开发文创及衍生产品，创建国内领先的个性化定制礼品生产基地。快速、灵活、高效、稳定是正印坊一直追求的目标。

正印坊个性化礼品定制可解决多品种、小批量客户定制问题，满足快速响应的制造需求，做到一件起订，2 至 3 天交货，严格的产品保密管控措施可高度保护客户的知识产权，成熟的色彩管理体系实现所见即所得。正印坊凭借出众的产品开发能力、强大的资源背景、先进的行业理念和专业的服务团队，面向全球多个国家和地区大力推广卡牌、拼图、桌游等相关定制产品，并取得了不俗的成绩。

"正印坊"品牌现分别开设有正印坊官网、正印坊天猫旗舰店、正印坊礼品定制淘宝店、中国台湾和新加坡等 SHOPEE 正印坊店。随着互联网业务的增长，客户对印刷生产效率与印刷质量要求越来越高，印刷需求也大幅增长。为了适应快速、小批量、定制化的数字印刷市场需求，集团与惠普等供应商保持长期战略合作关系，不断引进先进的印刷设备来配合企业战略发展的需要。2021年，隽思集团购置了 HP Indigo 100K 数字印刷机，成为中国首家安装该产品的客户，为客户带来更多个性化的产品内容和工艺的同时，进一步提高了生产效率。

图 5-4　隽思集团工作场景

三、推行工业 4.0，打造智慧工厂

近年来，随着经济发展以及各种创新技术的不断涌现，印刷业大环境也发生了巨大的变革，产能过剩、低价竞争、利润摊薄等现实困境摆在印刷行业者的眼前。面对以上种种困境，加速自动化改造，推进信息化、智能化建设，促进企业转型升级，实现更高的产品价值，成为印刷包装企业的解决之钥。

科技是企业发展的竞争力，隽思集团在印刷数字化、智能化方面，始终走在行业的前列。隽思集团以互联网业务为切入点，很早便开始全面投入到信息化、智能化建设中。多年来，隽思集团积极组建 IT 团队，搭建完善的电商平台，同时梳理生产流程，实现从前台接单、生产管控、物流分捡、订单回馈等集成系统的互联互通，打造了独特的内部数字化集成系统。这是一套强大的端到端业务系统，可对接客户端（客户小程序、公众号等平台）与生产端（隽思集团数字车间），集成电商订单信息、产品规格、数字生产、物流组装等信息，搭配其研发的自动排产系统，实现了个性化产品的高效生产。工厂接到订单，系统会自动分派到不同的工位，自动排版排产，无须人手，真正意义上做到智能化生产。

同时，隽思集团可配套提供产品开发、物料研发及采购、端到端生产、品质控制及检验，以及物流等全面而高效的一站式生产方案，务求在产品结构、设计、功能、品质、耐用度、安全及生产成本上日臻完善。

以互联网业务为切入点，以原有业务为基础，以标准化、规模化、自动化为手段，融合文化创意化，积极拓展互联网创新业务，隽思集团实现了平台互联网化、经济数字化和文化创意化三方面的强强融合。

展望未来，隽思集团将继续推行工业 4.0，打造"智慧工厂"，提升营运效率和竞争优势。拥有丰富的印刷经验与综合生产能力，以及对市场的敏锐洞察力，不断推动自身技术创新，相信隽思集团将在未来攀登新的高峰！

（2022 年创新十强，原载于 2022 年第 3 期《印刷经理人》杂志）

广东金冠科技：1个起印，24小时交货，开拓印刷包装新蓝海

广东金冠科技股份有限公司（以下简称"金冠科技"）是广州温州商会荣誉会员企业，创立于2000年，是一家集科研、生产于一体，致力于"高端防伪票证"的专业防伪技术解决方案的服务商，是国家级高新技术企业，于2014年7月在新三板挂牌上市。

随着新兴消费者的逐渐成长，包装产品的个性化需求不断提升，生命周期也从20世纪90年代的800天，缩短到现在的不足200天。各品牌商每月推出的产品SKU不仅数量大，而且更新周期越来越短，同时也需要快速定制包装测试市场，这就形成了一片个性化小批量定制、快速包装出货的蓝海市场。

与此同时，小订单彩盒业务通常订单量小、个性化需求多、生产工序复杂、交货周期长，同时对技术要求高、设备投入大，缺乏专业的设计师也是小订单客户难以逾越的鸿沟。很多印刷包装企业并不愿意接此类订单，又不情愿放弃订单。

为此，金冠科技成立子公司分享印科技（广州）有限公司（以下简称"分享印"），专注于印刷包装小订单的个性化定制服务，致力于提供易、快、好、省的印刷包装定制电商服务平台，创造新的业务增长点，继续推动企业的蓬勃发展。

相比名片、画册等产品可以采用合版印刷方式，实现降本提效，包装的盒型结构、刀线、工艺更加复杂，采用拼版的方式难度更大。

分享印平台则利用技术、系统和设备，重新改造传统的彩盒印刷流程，

为用户提供自动报价、3D预览、自助下单等多项服务，结合后端智能工厂的快速生产能力，极大地降低了用户小批量包装定制的门槛，缩短了生产周期并降低了生产费用。

在报价环节，以往是客户提供需求，然后印刷企业根据情况进行报价，往往非常耗时耗力。在分享印平台，客户只需要按照步骤选择盒型、尺寸、纸张类型、印刷工艺等，就可以实现自助报价。客户完成自助报价以后，就可以直接下单，降低了使用门槛，可以让消费者快速获取报价。客户完成支付、上传文件，客服会跟进确认。

在设计环节，各种各样的盒型需要匹配相应的刀模，对于普通设计师是很难做到的。分享印平台可以自动生成刀模文件，平面设计师只需要把设计图上传，输入盒型尺寸即可。

对不懂设计的客户来说，分享印有两种设计方式：一种是人工设计，另一种是在线自助设计。完成盒型设计后，分享印平台可实现在线3D预览。据金冠科技运营总监耿嘉瑜介绍，功能是免费开放的，用户上传设计文件后，无须注册，扫码即可看到3D预览，包括刀模、专色预览等信息。

在生产环节，分享印真正实现了1个起印，用户可以选择打样或者大货两种方式。分享印可实现文件自动处理、自动拼版等，大大减少人工，加快了整个生产流程，一天就可以完成打样。如果是做大货，分享印正常交货期是3天，加急可选1～2天，费用会上浮30%～40%。如果选择5天或者7天，价格则会更低。因为，分享印通过拼版的方式，实现了制版费、刀模费、开机费等成本降低的目标，从而让利给消费者。

耿嘉瑜强调，分享印平台是通过系统辅助，如ERP系统、生产制造执行系统（MES）、精益生产排程系统（APS）等，实现自动排单排产，提高生产效率，降低成本。因此，分享印在交货期和价格上都比较有优势。

此外，分享印平台是大数据经营化管理，包括客户价值管理、经营生产、供应链等方面。通过可视化大数据平台，分享印每天可以看到订单数据，如工单列表、发货记录、会员信息等，如果发现异常，可以在后台查看详细情况。

在耿嘉瑜看来，个性化小批量定制的成本很高，分享印首要理念就是降成本。分享印借助互联网技术，可有效将订单集聚起来，实现小订单的规模化生产。利用自主研发的柔性供应链管理系统，实现订单管理自动化，生产信息化、标准化，统一管理和控制全国生产供应链，实现同一品质，同一服务，同一标准，同一成本。

纵观金冠科技 20 多年的发展历史，从票据印刷到书刊印刷，再到高端包装印刷，进而转型升级至互联网包装领域，每步都稳扎稳打，稳健而又不失开拓创新。以小订单彩盒包装为突破口，金冠科技旗下分享印实现从产品到平台的升级，在小订单市场打造了一片新的天地。

（原载于《印刷经理人》微信公众号，2022 年 3 月 31 日）

印通天下：从"我"到"我们"，打造产业互联网新模式

从单厂到平台，从独立打拼到资源聚集，印通天下打造商业印刷发展新生态。

2021年6月23日，印通天下印刷科技有限公司（以下简称"印通天下"）与嘉和顶新举行了一场盛大的战略合作签约仪式。此次签约，印通天下以集采的形式一次性引入56台RMGT顶级胶印机，一举打破行业纪录，引发行业广泛关注。

商业印刷市场竞争日益激烈，印通天下立志为中国商业印刷提供整体解决方案。从青涩到成熟，印通天下多年来不断前行，完成了自身的蜕变，走出了独特的印刷与互联网融合之路。56台RMGT顶级胶印机的签约，便是其创新发展这棵大树上结出的一枚沉甸甸的果实。

一、横空出世，开启免费时代

2011年，张宏波结识了一帮怀揣印刷梦想的企业家，大家一见如故，希望借自己之力传承传统印刷，并通过互联网使之焕发新的生命力。他们提出"印刷＋互联网"的理念，即在传统印刷工业上连接互联网这个工具，以形成更符合时代精神、科技趋势及营销模式的印刷行业新体系。

在这样的背景下，由海峡两岸暨香港等10家资深印刷企业合资成立的印通天下横空出世，开启了印刷互联网的探索之旅。

创立之初，印通天下把目光投向港台，创始股东带领骨干员工一次次走

访两地多家网络印刷先行企业进行深入学习。在多次的交流中，印通天下获益良多，但同时也发现，港台几家企业从运营模式来看，更多的是配合自身生产销售开发自用软件，与印通天下以整合产业链、打造品质化与标准化供应链为目标的战略思想仍然存在很大的差异。

于是，印通天下开始了三四年的低调蛰伏专己研修，把所有的精力都调配于产品品质标准化与生产流程标准化的打造之中。其中，就包括耗巨资组建的 50 余人 IT 团队。

凭借强大的团队创新实力，印通天下上线了自主研发的印刷电商平台。该平台不仅可以一站式连通营销、销售、新产品研发、生产管控、原材料进销存、财务管理、大数据分析等与印刷电子商务、线下生产等各方面相关联的各个节点，还可连接印刷行业上下游包括设计师、设备及原材料供应商、工厂、客户、经销商等在内的不同角色。

这一整套系统在通过了实践测试之后，于 2016 年正式宣布全免费提供给加入印通天下体系的供应链企业，在印刷行业中开启了软件全免费时代。

图 5-5　印通天下企业内部

二、四梁八柱，实现行业发展新突破

在张宏波看来，产业互联网与资本的融合发展，是商业印刷领域发展的必由之路。

经过多年努力，现如今的印通天下已经实现了印刷与互联网的有机融合，涵盖印刷销售、印刷生产、办公文旅商城等领域，形成了"印刷+办公""产品+服务"的一体化、交互型、一站式服务模式。

从平台表面上看，印通天下主要包括自主开发的印刷云平台软件系统，以及一些相关应用的软件工具，主要针对 B 端市场。对受众来说，它只是一个印刷电商网站或手机 App 应用。但是对印刷人来说，它是一个庞大的系统，是在供应链端整合印刷全产业资源，达成全流程的智能与数字集成，在智慧与效率方面对供应链上的企业实现标准化的输出与管控，是实现实体印刷企业信息化、自动化、智能化升级的孵化器。

印通天下平台总体可分为四大板块，即云平台、孵化器、供应链和实体工厂。这四大板块又涵盖了八个产业公司。

云平台是负责系统开发的网络科技公司和大数据分析的应用公司；孵化器则包含印通商学院、营销管理公司、技术管理公司、产业研究院，主要负责对加入平台的会员企业进行培训、资讯、技术和管理的输出，产业内相关的各项研发等；供应链包括采购供应链和金融服务；实体工厂主要指对印通体系内起着示范功能，能够代表国内在信息化、自动化、智能化方面有所建树的实体印刷企业。

张宏波认为，四个板块、八大产业公司是印通天下产业互联网平台的四梁八柱，是一种非常稳定的设计。在这种模式下的四大板块都直接作用于会员企业之间，达成质量与效率上的领跑者。而这些技术平台的会员企业在品质、效率、产值上的大幅度提升又直接推动了供应链的销售，在平台内部形成了完美的复利发展结构。

三、双管齐下，为印刷企业赋能强化

一直以来，印通天下都秉承"共建、共享、共赢"的核心价值观，坚持为中国商业印刷企业提供前端印刷云服务、后端供应链孵化、线下营销城市联盟、区域生产互助等优质服务项目，并持续向中国商业印刷企业领导者的目标奋进。

为了实现这一目标，印通天下在 2021 年围绕营销与生产管理两大方向，为印刷企业进行赋能强化。

首先，在营销管理方面，印通天下用订单为印刷企业持续供血。除了建立 70 家营销子公司的全国战略布局之外，针对印刷企业的营销情况，印通天下从印刷及办公文创两大业务板块入手，在提供线上下单、线下地推、线上商城等平台服务的同时，将订单依照客户类型与体量进行划分，并构建了小 C（个人客户）、大 C（企事业单位、国家机关、社会团体等集团客户）、电商（天猫、淘宝、京东等互联网平台中间商）、小 B（图文店、广告公司）、大 B（较大的印刷盘商）等五大主要客户类型，进一步提升了服务的准确性。

在营销管理、订单分印、物流运送等环节，印通天下通过自建、全资、合资、联盟等方式，通过营销子公司对各地的印刷企业进行就近派单，并依照就近分印、按工艺分印等原则，推动印刷订单出口，进而帮助企业在确保稳定生产的同时，实现市场开拓。

其次，在生产管理方面，印通天下主张借助信息化、标准化为印刷企业减负。2020 年，印通天下针对技术管理服务了全国超 30 家客户，共有 24 个省份的 50 多家企业参与了印通天下发起的印刷联盟网络布局，总体量超过 30 亿元。

在不断加强相关领域创新及专利研发的同时，印通天下也凭借印通商学院的技术优势，对印刷企业的标准化经营进行细化流程总结，并通过丰富的多媒体手段，为印通天下的会员客户提供信息化、标准化支撑，实现印刷企业的可持续发展。

张宏波认为，随着行业的进一步发展，过去单打独斗的经营模式将逐渐被印刷企业摒弃，整合将成为互联网时代的主流。一个人可能走得很快，但一群人必然走得更远。

正如其"共建、共享、共赢"的核心价值观，期待印通天下与广大印刷包装企业共同努力，在不断提升自身平台服务能力的同时，共建全新行业生态！

（2021 年创新十强，原载于 2021 年第 5 期《印刷经理人》杂志）

第三部分
专精特新篇

"专精特新"主要指中小企业的专业化、精细化、特色化和新颖化，自 2012 年提出以来，我国"专精特新"企业发展取得显著成效。中小企业是我国印刷行业的绝对主体，"专精特新"的发展道路正是其可聚焦的发展方向。

案例企业在"专精特新"道路上不断前行，结合自身优势，走出了差异化的品牌道路。尽管它们的细分领域并不相同，但其发展模式具有一定共性，可以为其他印刷企业提供借鉴与启示。

随着印刷行业快速发展，差异化越来越成为企业的核心竞争力，这就要求印企有所为，有所不为。深耕专一领域、精准定位市场、加强品牌建设，在细分领域不断提高自身专业化程度。

核心技术决定市场地位，创新能力建构行业话语权。印刷企业要有核心业务，同时也要具备满足核心业务需求的核心技术，以技术树立自身核心竞争力。面对印刷行业链路长、业务多的现实情况，优质企业从生产、产品上明确边界，在既定范围内精益求精，以比较优势赢得市场，以持续创新树立壁垒。

"没有特殊绝学，企业走不长远"，行业内的通俗说法却道出了特色发展道路的内涵。在日趋激烈的市场竞争中，特色化是企业发展的"压舱石"，差异化是企业前行的"定星盘"。避免重复建设、明确发展目标、找寻自身特色是优质企业在发展转型中的必经之路。

行业资源整合，构建"创新生态"。技术发展、市场变化，提高印刷产品的技术含量与附加值是优质企业的长足发展之路。新技术、新工艺、新材料、新模式，以新颖化为导向整合行业资源，优化生产网络与供应链体系，是优质企业的内在持续发展动力。

企业兴则产业兴，产业兴则经济强。"专精特新"中小印刷企业专注于产业链的关键环节，在细分领域攻克关键核心技术，是印刷产业"补短板、锻长板、强基础"的有力保障，是印刷产业发展和科技创新的重要支柱，更是加快建设现代化印刷产业体系的重要力量。

第六章　专精特新

从"专精特新"讲起，洞察印刷包装企业发展方向

在印刷行业，中小企业为绝对主体，"专精特新"正是这些企业可锁定的发展方向。

2021年8月底，一则消息引发产业界关注：国家工业和信息化部第三批专精特新"小巨人"企业培育名单完成公示，有2930家企业位列其中。名单中，出现永新股份（黄山）包装有限公司、凌云光技术股份有限公司、浙江欧利特科技股份有限公司、浙江正博智能机械有限公司、广东金冠科技股份有限公司等印刷包装产业链企业的身影。

专精特新中小企业的提法，最早于2012年在政府文件中出现。具体指在实体经济中做到专业化、精细化、特色化和创新能力突出的中小企业，而"小巨人"企业则是专精特新中小企业中的佼佼者。对专精特新中小企业和"小巨人"企业的认定和培育，是国家重视实体经济、培育创新制造能力的具体举措。

实际上，为了推动制造业高质量发展，也为了提升产业链供应链自主可控能力，国家有更为系统的培育计划。2021年6月，工信部、财政部等六部门联合发布《关于加快培育发展制造业优质企业的指导意见》，提出构建优质企业梯度培育格局，树立产业链领航、单项冠军和"小巨人"企业三类典型标杆，力争到2025年，梯度培育格局基本形成，发展万家"小巨人"企业、千家单项冠军企业和一批产业链领航企业。

而优质企业梯队建设，基于地方参与、逐级认定的筛选机制，还有更为

广泛的基础与目标。"十四五"期间，培育百万家创新型中小企业、十万家省级专精特新企业，也是构建优质企业梯度培育格局的组成部分。

国家已于2016年启动单项冠军、2018年启动"小巨人"培育遴选工作，先后培育遴选出五批596家单项冠军和三批4762家"小巨人"企业；2019年，领航企业培育工作开始推动。有幸进入名单的印刷包装企业，除了能获得资金奖励，还能在产权保护、技术创新、管理提升、市场开拓、品牌建设、融资增信等方面获得政府支持与专业化服务。在深圳，获得广东省或者深圳市专精特新中小企业认定的，资金奖励为20万元；国家级"小巨人"企业，资金奖励为50万元。而在浙江温州，国家级"小巨人"企业资金奖励达到100万元。

当然，能过五关斩六将、进入名单的企业，毕竟是少数。但研究优质企业的筛选标准与共性特点，会让我们从这些领头雁身上明晰下一个阶段企业的转型发展方向。

这些企业，精准定位核心产品和服务，深耕专一领域，持续加强质量、品牌建设；这些企业，不断锤炼自主创新能力，应用新技术、新工艺、新材料、新模式迭代产品和服务；这些企业，积极推动产业数字化进程，实施智能制造工程；这些企业，主动整合产业链资源，构建创新协同、产能共享、供应链互通的新型产业发展生态；这些企业，努力在全球布局研发设计中，优化生产网络和供应链体系，有效对接和利用全球资源。

在印刷行业，中小企业为绝对主体，"专精特新"正是这些企业可锁定的发展方向，期望它们能够丰富创新思维，推动自己走上由小到大、由大到强、由强变优的成长路径。

（原载于《印刷经理人》微信公众号，2021年9月14日）

专精特新，激活发展新动能

2022年8月底，国家工业和信息化部第四批国家级专精特新"小巨人"企业名单完成公示，全国总计4357家。这是自2019年首批专精特新"小巨人"企业名单公布以来，入选企业数量最多的一次，相较于第三批的2930家，增加了48%。名单中，出现厦门金德威包装有限公司、湖北宏裕新型包材股份有限公司、合肥恒鑫生活科技股份有限公司、苏州海顺包装材料有限公司等行业企业。

据不完全统计，前四批公示的国家级专精特新"小巨人"累计已达9119家。如此一来，离"到2025年培育1万家国家级专精特新'小巨人'"的目标将越来越近。

一、从国家到地方培育"专精特新"蔚然成风

专精特新企业作为解决"卡脖子"问题的利器，在国家和地方的政策推动下，成为各地大力扶持、培育的对象，专精特新"小巨人"企业作为其中的佼佼者，更是关注的重点。

专精特新"小巨人"企业似小非小，似巨非巨，它们聚焦主业，深耕狭长市场，积极横向扩张与技术创新打开成长空间；它们是细分领域隐形冠军，凭借技术或效率优势在各自细分行业或领域中占据领导地位。

2022年6月1日，国家工业和信息化部发布《优质中小企业梯度培育管理暂行办法》，聚焦创新型中小企业、省级专精特新中小企业、国家级专精特新"小巨人"企业，构建了从孵化培育、成长扶持到推动壮大的全生命周期

梯度培育体系，明确了"十四五"期间"百十万千"梯度培育目标，即在全国培育出百万家创新型中小企业，在各省市培育出十万多家专精特新企业、万家专精特新"小巨人"企业以及千家单项冠军企业。

从国家层面到地方层面，关于专精特新相关扶持举措进一步加码，多地密集出台专项政策，明确提出了"专精特新"企业量化发展目标。

- 北京市：力争到"十四五"末，国家级专精特新"小巨人"企业达到500家，市级专精特新"小巨人"企业达到1000家，市级专精特新中小企业5000家；
- 上海市：到2025年，滚动培育专精特新企业5000家，其中专精特新"小巨人"企业300家，制造业单项冠军企业30家；
- 浙江省：到2025年，累计培育创新型中小企业5万家以上，省级专精特新中小企业1万家以上，省级"隐形冠军"企业500家，国家级专精特新"小巨人"企业1000家，新增国家制造业单项冠军企业130家左右；
- 江苏省：力争"十四五"末，全省创新型中小企业达到2万家，省级专精特新中小企业达到5000家，国家级专精特新"小巨人"企业达到1500家，制造业单项冠军达到200家；
- 湖南省："十四五"期间，每年重点培育300家左右省级专精特新"小巨人"企业；
- 辽宁省：到2024年，累计培育300家国家级专精特新"小巨人"企业、40家国家级单项冠军企业、20家省级领航企业。

为促进区域中小企业发展，各地根据自身实际针对不同层次的"专精特新"中小企业，出台了相应的奖励补贴措施，从加大财政金融支持、鼓励挂牌上市、优化服务等多个方面激发企业发展活力。

如深圳市制定促进专精特新企业高质量发展的若干措施（征求意见稿），提出将围绕财税支持、企业融资、研发创新、人才培育、数字化转型、市场开拓等9个方面，出台32项措施，全方位加大对专精特新企业认定以及培育的力度；杭州市对首次认定的专精特新"小巨人"企业、省级"专精特新"

中小企业，按政策分档分别给予不超过 100 万元、20 万元一次性奖励，对认定为国际、国内、省内首台（套）的"专精特新"中小企业产品，分别给予 200 万元、100 万元、50 万元的奖励。

二、众多行业企业踏上"专精特新"之路

据有关统计，在 2022 年 8 月公示的 4300 多家国家级专精特新"小巨人"企业中，中型企业占比 44%，小微型企业占比 56%。这些企业创新性强，研发投入高，专业化程度高，配套能力强，成长性好，发展潜力大。其中，企业平均研发经费占营业收入比重 10.4%。可以说，研发创新是"专精特新"的灵魂所在，同时也是每家"小巨人"的必备武器。

对印刷企业而言，走好"专精特新"之路，同样需要注重研发创新。"长期专注才能成为行业冠军""没有独门绝技，企业走不远"，而行业里也不乏这样的佼佼者。

例如，印刷百强企业合肥恒鑫生活科技股份有限公司（以下简称"合肥恒鑫"），自 2001 年将产品重心转向纸质餐具后，合肥恒鑫一直专注于环保产品的创新研发，在全球 PLA 快消产品市场占有重要的地位。截至 2022 年，合肥恒鑫拥有国内外专利 100 多项，入选第四批国家级专精特新"小巨人"企业名单。

浙江炜冈科技股份有限公司（以下简称"炜冈科技"）同样是"专精特新"个中翘楚。成立于 2007 年的炜冈科技是国内标签印刷设备生产龙头企业之一，是国家专精特新"小巨人"企业和浙江省隐形冠军企业。作为技术先行的企业，炜冈科技高度重视研发投入，以推出更具技术含量、更能满足市场需求的创新产品。2022 年 12 月 5 日，炜冈科技在深交所上市。

除了入选国家级专精特新"小巨人"企业名单，印刷包装企业在各省的评选中也结出硕果，如 43 家印刷包装相关企业入选 2022 年度山东省"专精特新"中小企业公示名单，26 家印刷包装企业入选 2022 年河南省"专精特新"中小企业认定名单……越来越多的印刷包装企业正走在专精特新路上。

当前，从全国各省市到中央各部门都在大力推动"专精特新"企业发

展，无论是印刷包装企业，还是产业链中的设备器材制造企业，需用好相关政策，聚焦专业细分领域深耕发展，持续打造个性化、特色化产品，在强化技术、管理、渠道等创新过程中，激活发展新动能，实现自身的专业化、高水平、高质量发展。

（原载于《印刷经理人》微信公众号，2022年12月30日）

创业人环保股份：做最好的精细包装解决方案提供商

由环保纸袋到奢侈品包装，由产品加工商到解决方案提供商，创业人环保股份坚持技术创新、产业延伸、环保升级，立志做最好的精细包装解决方案提供商。

厦门创业人环保科技股份有限公司（以下简称"创业人环保股份"）成立于1997年3月，专业从事高端礼盒、彩盒、环保纸袋、无纺布袋等产品的研发、设计、生产和销售，曾荣获福建省著名商标、国家高新技术企业、国家级专精特新"小巨人"企业等荣誉称号，是福建省一家印刷示范企业。迄今为止，创业人环保股份已为GUCCI、LANCOME、BOSS、Disney、奔驰、奥迪等数十个国际高端品牌提供包装产品和服务，客户遍布世界各地，品牌影响力不断延伸。

一、创新引领增长

创新是创业人环保股份领先发展的原动力。二十多年来，创业人环保股份不断进行技术工艺创新，其自主研发制造出行业领先的艺术纸、仿皮纸、100%可回收的环保包装等产品，持续引领产业创新发展。

创业人环保股份每年都会将营收的5%以上投入新品研发。其技术研发部门，配备了完善的实验场所和产品试验线，主要负责新技术的可行性分析、前瞻性研发、产品结构设计与研发，以及产品质量改进等。同时，公司营销中心市场部将前端市场调研结果及时反馈给技术研发中心，通过不断的信息交流、信息整合、研发方案的调整，使公司最终获得的研发技术和研发成果能够很快地投入生产，并被市场接受认可。作为高新技术企业，创业人环保股份已拥有发明专利 6 项，实用新型专利 21 项，外观设计专利 6 项，同时与相关院校建立研究创新合作关系，如与厦门大学材料学院签订"环保包装材料产学研基地"，致力于开发环保新材料，逐步形成公司的核心优势。

二、融合驱动发展

曾有媒体评价创业人环保股份董事长桂银太为"天才实业家"，主要是因为他总能够先于市场做出预判，并通过一步又一步的产品创新和产业链延伸实现企业融合发展。

创业之初，创业人环保股份主要从事纸袋生产，这与桂银太的市场判断是分不开的。彼时的纸袋市场尚未成熟，塑料袋仍是当时的主流，但塑料袋看起来比较廉价且并不环保，而新型纸质手提袋对影楼、酒店、银行、地产等一些雅致场所来说，很有吸引力。就这样，以纸袋为基础，创业人环保股份越做越大，产品线也由手提袋逐渐延伸到包装盒、包装袋。

2004 年，创业人环保股份又上马了无纺布环保袋项目。无纺布可降解，其原材料成本不到棉花的十分之一。几年后，国家颁布"限塑令"，创业人环保股份多年来没怎么赚钱的无纺布项目，在 2009 年迎来了丰收季节，桂银太借机又把产业链延伸到了上游的布生产环节。

类似这样的故事，在创业人环保股份中还有很多。如今的创业人环保股份，已集高端包装研发、设计、生产和销售于一体。2020 年，在疫情席卷全球之时，桂银太又积极承担社会责任，在子公司鹰潭佰伦包装有限公司增设口罩生产线。多年为口罩企业提供无纺布的经历，此刻也派上了用场。在疫情最为严峻的时期，能够快速进入口罩生产这一全新领域，创业人环保股份多年的生产与管理经验也发挥了重要作用。

三、精准定位推动服务提升

历经二十多年的发展，如今的创业人环保股份，已经将自己定位为"做最好的精细包装解决方案提供商"。依托较先进的生产工艺和丰富的技术储备，创业人环保股份从设计初期开始，就为客户提供精细包装解决方案，并在客户认可的基础上提供后续的定制、试产、量产、配送、售后等一系列的产业链服务，为客户提供"一站式"的包装解决服务方案。

从生产者到服务者，创业人环保股份下了很大的功夫。如为保证对客户的按期交货，降低客户仓储成本，凭借多年的经验积累和技术水平，创业人环保股份将生产过程中的生产线布局、机器配置、仓库设计、人员配置、生产进程控制等环节细分量化，并将各类数据通过信息系统集成处理，利用处理后的数据信息自动控制各个生产环节，使创业人环保股份具备快速计算成本、准确制定报价单、灵活协调生产、及时供货到位的能力，能够有效应对"多、散、快"的订单，满足客户的按时交货要求，提高客户的经营效率，节约成本。通过内部精细的生产管理和及时有效的沟通反馈，创业人环保股份能够为客户提供精细化和快速的服务，得到客户的高度认可。

四、环保理念助力企业升级

创业人环保股份的公司名称中，重点突出"环保"二字，这也凸显出公司对于包装产业环保发展的重视。在多年的生产实践中，创业人环保股份已将环保理念与文化融入产品创新设计中，积极推动环保技术的应用。

如基于专用剂喷涂的涂层技术，创业人环保股份可以将普通牛卡纸变成食品接触用纸，符合相关国家标准并得到国际权威机构认证；能够制备可疏水防潮、防紫外线抗氧化、防腐保鲜且材料天然易降解、对人体和环境无危害的包装纸，并获得了国家发明专利授权。

再如基于高清环保水性印刷技术，创业人环保股份采用无毒、无害、无味、无挥发性有机物油墨，大大减少了胶印或者其他印刷方式油墨中连接料、填充料中产生的如 VOCs、有机溶剂等对环境或者操作人员有危害的物质的排放，在保证绿色环保的同时具有良好的印刷质量，可以实现对传统胶印技术的替代。

历经二十多年的发展，创业人环保股份深刻地认识到，传统的包装行业属于劳动密集型产业，打造"智能化工厂"，实现自动化运营，达到降本增效的目的，是包装行业的必由之路。展望未来，创业人环保股份将坚持转型，努力将自己打造为"智能化工厂"的先行者，并将自动化、数字化、智能化基因深入骨髓，以智能制造、精细管理提升生产效率，降低生产成本，赢得优质客户，打造核心竞争壁垒。

（2021年创新十强，原载于2021年第5期《印刷经理人》杂志）

恒大包装：争做专精特新"小巨人"，打造国家级"绿色工厂"

为落实《"十四五"工业绿色发展规划》，全面推行绿色制造，助力工业领域实现碳达峰、碳中和目标，国家工业和信息化部于 2023 年 2 月 9 日公示了 2022 年度绿色制造名单。2022 年度绿色制造名单分为绿色工厂名单、绿色设计产品名单、绿色工业园区名单、绿色供应链管理企业名单，其中有不少印刷包装企业的身影，湖北恒大包装有限公司（以下简称"恒大包装"）便是其中之一。

恒大包装成立于 2001 年，位于湖北省汉川市仙女山街道办事处，是研发、生产纸制品包装的"国家高新技术企业"，2020 年被工信部认定为专精特新"小巨人"，2022 年被工信部认定为"绿色工厂"。

恒大包装占地 230 亩，生产用房 86000 平方米，仓储面积 15000 平方米；现有员工 682 名，技术人员 48 名，其中高级经济师、高级工程师 16 人，工程师 11 人，助理工程师 22 人；拥有先进的纸板、纸箱生产设备与技术，产品涵盖瓦楞纸内外包装箱，是湖北省最大的纸包装单体企业之一。

一、以创新促发展

人才是发展的核心动力，是企业创新进步的关键因素。恒大包装非常重视人才建设，聚集了来自全国各地的行业高端人才和技术骨干，与武汉大学联合，实现科技成果转换，被湖北省科技厅命名为"校企共建智能环保包装材料研发中心"，与武汉大学印包系联合研发的"一种添加改性纤维素纳米晶体高耐折瓦楞纸板"项目入选湖北省科技厅 2023 年科技项目。

作为国家高新技术企业，近年来，恒大包装专注于纸包装细分市场，加强研发创新，不断提升市场占有率。其中"一种瓦楞纸箱用纳米改性淀粉胶粘剂及其制备方法""一种果蔬保鲜保温纸箱用涂料及其制备方法"等核心技术的掌控，让恒大包装在市场竞争中保持优势。

截至 2023 年，恒大包装拥有发明专利 8 项，著作权 1 项，实用新型专利 22 项，每年新产品研发费用占销售额的 3.3%，相继被湖北省经信厅认定为"信息化和工业化融合试点示范企业""智能制造示范企业""支柱产业细分领域科技小巨人""服务型制造示范企业""国家两化融合管理体系贯标企业""湖北省制造业单项冠军企业"，被湖北省企业上市工作领导小组办公室确定为"上市后备金种子企业"。

凭借产品研发中心的运行、日臻成熟的工艺技术和完善的质量保障体系，恒大包装确保了产品质量领先，而全自动、智能化设备与 5G+ 工业互联网的运用，先进的 ERP 系统对产品生产与交付各环节的实时管控，让恒大包装"采—购—接单—生产—储运—销售—结算"实行了一体化与程序化。恒大包装也因此多次被美的、京东、菜鸟等多家客户命名为"华中地区最佳供应商"和"中流砥柱供应商"，2021 年实现销售收入 10 亿元，在"中国印刷包装企业 100 强"排行榜中位列第 47 名。

二、全面建设绿色工厂

一直以来，绿色环保是印刷业的主旋律，恒大包装本着用地集约化、原料无害化、生产洁净化、废物资源化、能源低碳化的理念，全面开展绿色工厂创建。

1. 用地集约化

恒大包装车间采用多层设计，底层是生产车间，二层为储运仓库，有效提高了生产用地效率，并按照绿色建筑标准进行设计，厂房、办公楼充分利用自然采光、优化窗墙比，仓库利用透明屋顶、分区照明、分级照明，以达到最佳节能效果。

2. 原料无害化

在原料方面，恒大包装严格把好主、辅料进入关，生产用原纸，均为国内大型造纸企业生产的合格产品，原纸检测报告显示，其测试结果均符合欧盟 RoHS 指令 2011/65/EU 附录Ⅲ的修正指令（EU）2015/863 的要求；印刷所采用的均为环保的无溶剂水性油墨，绿色物料使用率为 100%。

3. 生产洁净化

恒大包装使用的柔性版完全是绿色环保生产，印刷采用的无溶剂水墨，是世界公认的无印刷污染的瓦楞纸箱生产技术，是一种"最优秀、最有前途"的印刷方法；厂区的废水排放由环保部门装置的排污装置监测，实时将监测数据上传湖北省企业监测信息公开平台。

此外，经广州赛宝认证中心检测，恒大包装生产的快递包装各项指标均符合标准，通过了"快递包装绿色产品认证"；经湖北省汉川市市场监督管理局随机抽查交由山东精准产品质量检测公司检验，恒大包装产品符合 GB/T6543—2008《运输包装用单瓦楞纸箱和双瓦楞纸箱》标准。

4. 废物资源化

在废物利用方面，恒大包装充分使废物资源化，源于开槽、模切工序产生的边角余料及其他固体废料，全部由上游供应商回收再利用。2022 年被国家包协联合会纸包装委员会认定为"纸包装循环经济产业链示范企业"。

5. 能源低碳化

恒大包装积极响应国家节能减排的号召，将原有燃煤锅炉改为生物质燃料锅炉，每年可节约原煤 6540 吨。为了让能源利用最大化，恒大包装最大限度减少了生产中的"跑、冒、滴、漏"，还充分利用回水余热，为员工宿舍 24 小时供应热水。

良好的经营环境与理念，不仅得到了政府部门的充分肯定，也降低了企业的生产成本，提高了产品质量，赢得了众多客户与市场，为恒大包装可持续发展打下了坚实基础。未来，恒大包装将一如既往坚持以人为本、创新发展；坚持质量第一、客户至上；坚持绿色环保可持续，以切实行动助力印刷业高质量发展。

（原载于《印刷经理人》微信公众号，2023 年 2 月 23 日）

天津艺虹：修炼内功，走好"专精特新"进阶之路

"从小事做起，认真做好每件事"，正是凭借这种态度，天津艺虹智能包装科技股份有限公司（以下简称"艺虹"）不断发展壮大。除了认真的态度，艺虹业绩的持续增长离不开它行之有效的企业质量管理体系和高质量的研发团队。艺虹研发人员根据企业自身及行业业务流程的特点，研发出一系列信息化管理系统，实现了从订单到产品交付、从工艺研发到产品生产的全流程数字化管理。

现如今，印刷企业普遍面临成本增加和增收不增利的困境，企业要想持续发展，就必须开拓新思维、采取新行动，做到与时俱进。深谙此道的艺虹不断提升自身实力，增强自主创新能力，发展成为印刷包装行业的百强企业之一。

一、整合资源、自主创新，提高印刷技术水平

艺虹将"服务前移、贴近市场、主动创新"的理念贯串于材料选择、产品设计、生产工艺等各个环节，提升针对客户需求提供整体解决方案的能力。比如，在产品设计上，艺虹通过对客户产品潜在消费群体、市场营销策略和品牌定位的分析，从色彩搭配、盒型选择、工艺视觉、创意设计等方面，为客户提供印刷包装产品；在材料选择上，艺虹积极向客户提供多元化材料的选择方案，在保证印刷包装产品功能的前提下，实现材料的轻量化、环保化，减少纸张使用，降低客户成本。

不仅如此，艺虹还不断强化客户思维，关注客户需求，转变发展思路，坚持从生产端到产品端不断改善、从加工型企业向服务型企业迈进。通过新材料、新技术应用，新工艺制定和设备改造等，艺虹进一步提升生产效率，一站式满足不同客户的个性化需求。

比如，艺虹研发团队根据客户需求，设计"UV 印刷 + 水性普通专用哑油"方案，改造印刷设备上光单元，用联线上机光油覆盖双面合成纸表面的 UV 油墨，提高油墨牢固性和耐磨性，减少 UV 油墨气味。艺虹突破了技术瓶颈，成功实现胶版印刷技术在双面合成纸包装印刷中的首次应用。

项目的实施大幅度提升了印刷质量，降低了生产成本，同时应用可变数据印刷技术，做到每个产品可独立追溯。该全新生产工艺已应用于公司同类产品的批量生产，且已通过天津市科学技术成果鉴定，处于国内领先水平。

又如艺虹依据行业动向及趋势，自主研发了一套印刷色彩管理系统。色彩管理是印刷包装企业全面实现工业标准化与智能化必不可少的一环。色彩管理流程的优化不仅能保证印品的稳定输出，确保印品质量，更有利于提升印刷包装企业的核心竞争力。

艺虹研发色彩管理系统的目的是减少色彩检测频率与生产控制中的人为影响因素。该系统利用闭环校正技术，通过中央控制服务器的计算、分析、比较，生成调整信号，及时修改特性文件中的数据信息，从而进行实时补偿，确保色彩的稳定性。闭环校正技术将数码输出样张与印刷品样张颜色数据容差控制在 Detal E 2000<1.0，远远高于国际标准 Detal E 2000<3.0，且保持 K 黑色通道的独立，色彩特征数据控制数码输出，通过独立转换技术进行控制。

此外，通过 X-Rite Data Catcher 对原纸纸白进行数据采集，数码输出模拟原纸纸白数据，实现数码追色稿与印刷样张同质匹配。

二、贴近客户，持续创新，降低印刷成本

包装是品牌理念、产品特性和消费心理的综合反映，它会直接影响消费者的购买欲。不仅如此，包装还是建立品牌形象和提高产品亲和力的有效手段。在消费者需求多元化的今天，包装产品的创新设计已成为市场新趋势。

因此，能满足消费者个性化的心理需求且符合消费者喜好的包装已成为印刷包装行业及其下游行业相关产品取得成功的关键要素。印刷包装企业的角色也从包装的生产者、提供者向多方位包装整体解决方案供应商转变。

基于行业发展和客户需求，艺虹组建了自己的设计团队，致力于提升自身创意设计能力，从而与客户进行更加深入的合作。与客户合作过程中，艺虹充分展现了公司创新设计能力，并得到客户认可。

例如，承接某客户包装盒创新工艺项目时，该客户希望产品包装印刷完成后具备金属闪耀的光泽感效果。为达到客户需求，纸张最初选择为珠光纸，印刷方式采用UV印刷。但研发团队充分研究后，决定为客户量身定制包装材料替代方案。

通过对包装原材料的分析及工艺改进，艺虹在工艺流程上选用普通胶印技术，在普通白卡纸上进行四色油墨的印刷，上光单元采用80lpi，特殊孔型的网纹辊对印张表面进行珠光光油转移，定制的网纹辊增大存油量，提高光油在纸张表面的流平性。全新的生产流程实现了UV印刷与普通胶印的转换，包装效果优于珠光纸UV印刷方式，有效降低了生产能耗和客户包装原料成本，得到了客户的高度认可。

三、紧跟时代步伐，绿色印刷，拥抱蓝天

近年来，绿色化发展战略已经成为我国印刷业高质量发展的必由之路，各地绿色化政策和行业标准陆续出台。这些都促使人们更加积极地探索新的可持续包装形式。

依据行业发展趋势及市场分析，艺虹对预印、柔印工艺进行提前布局，引进了卫星式柔版印刷设备。卫星式预印生产线的独特设计，使承印物紧贴中心压印滚筒，承印物无拉伸，采用smartSET套准设定系统，套准精度更高，印刷过程稳定性更高；smartFLO供墨系统精确控制上墨，快速清洗，为印刷效率提供保障；色间烘干采用FSM超微孔设计，桥架烘箱采用双面风嘴烘干，快速干燥承印物，可成功降低能耗。

同时，艺虹预印生产线使用水性油墨，不含毒性较强的苯、酯和酮，也

不含对人体有害的重金属。油墨中不含有机溶剂，没有污染排放，达到了绿色印刷的行业目标。

一路走来，凭借长期专注和持续创新的精神，艺虹在纸制品包装这片市场中扬帆远航。未来，艺虹将继续聚焦创新，修炼内功，努力走好"专精特新"的进阶之路！

（原载于《印刷经理人》微信公众号，2022年8月17日）

上海龙利得：行业最早拥有智能无人工厂，打造中国瓦楞名牌

上海奉贤海边，走来了一位瓦楞容器智造英雄。

他便是龙利得股份董事长徐龙平——"全国新闻出版行业领军人才""安徽创业创新领军人物""上海市出版人奖"和"上海市印刷奖"得主。

徐龙平创办并带领龙利得股份（简称龙利得）高屋建瓴，缔造辉煌。

（1）进行楞型、箱型的革命性研究调整，产品薄至 0.5mm、厚至 5mm，三、五、七层皆有，饱含以绿色、智能、协同为特征的设计技术，达到高强度、轻量化、便携、美观、环保、防潮、防油、防酸、耐磨、透气，体现 150lpi 以上高网、高清、高柔性印刷，使用对象从工业应用到商业应用再到民生终端应用，使用范围从国内到海外。

（2）创建工业 4.0 标准智慧工厂，实施两化融合，关键工序智能化、关键岗位机器人替代；推进产品全生命周期管理、客户管理和供应链管理，做到人、设备与产品的实时联通、精确识别、有效交互与智能控制；培育高效运作新技术、新模式和新业态，实现厂房集约化、原料无害化、生产清洁化、废物资源化和能源低碳化。

（3）屡登百强榜，上市创业板（SZ300883），辐射皖东区；助力安徽融入长三角一体化发展。

企业成长各具其路，智慧造就最富建树。龙利得跨出的每个关键脚步，尽显智慧倾注。

一、智慧改制

"株"在日语里代表股份。日本很早就出现了株式会社，奠定了明治维新的经济基础。三菱、松下、住友等工业巨头，都是老牌股份制企业。美国道琼斯指数的始作俑者，发起时也带有股份性质。

非公经济是对公有制经济的有力补充，股份制是适应生产力和生产关系发展的资本组织形式。在由计划经济向市场经济转变的过程中，企业改制凸显必要。

道理虽如此，但多种原因会造成企业不想改、不敢改和不会改，还有改败的。而龙利得则以智慧改制，坚持主线，创下立厂之基。

2006年2月，中澳合资的龙利得包装科技（上海）有限公司成立，成为龙利得首个经济实体，荣获"国家印刷示范企业""上海名牌""上海市著名商标""上海市专精特新企业"称号。

2010年4月，龙利得包装印刷有限公司于安徽省明光市注册，不久即收购龙利得包装科技（上海）有限公司，使其成为子公司，龙利得包装印刷股份有限公司随即成立，龙利得拥有了又一个生产基地，荣获"国家高新技术企业""国家两化融合管理体系贯标试点企业"和安徽省"省级企业技术中心""省工业设计中心""专精特新企业""商标品牌示范企业"称号。

2017年3月，作为龙利得全资子公司的奉其奉印刷科技（上海）有限公司投产，龙利得第三个经济支柱落成，荣获"上海市工业互联网重点企业""上海市专精特新企业"、上海市"和谐劳动关系达标企业"称号。

2020年11月，龙利得出资1.2亿元，收购主营食品、电工、空调和包装等设备的上海博成机械有限公司100%的股权，使其成为子公司。沪皖两地四司联动，互为犄角，构成龙利得股份经营大盘。

股份合作也有缺陷，即容易造成意见分散，影响步调一致。经徐龙平与另一位大股东签约，恪守同心，若万一生变，"以徐龙平的意见为最终意见"，使其潜在隐患消除。龙利得从容应对市场风云变幻，司令部核心作用有效发挥。

二、智慧环保

英国物理学家霍金研究发现，地球起源于宇宙大爆炸。这个转动了 46 亿年，原本是青山绿水的星球，给承载的所有生物以生存环境，可惜却在近现代遭到了社会工业化进程带来的种种破坏。解铃还须系铃人，保护地球的使命只能赋予人类自己。

龙利得投身环保起步早、措施巧，取得系列创新成果。

3 处工厂印刷均采用无毒无害的柔印工艺，配备全进口全服伺的高速水性柔印机，研发 150lpi 以上高网高清高柔性印刷，替代传统胶印，既环保又可与胶印色彩媲美，遏制有害液（气）体于生产源头。改造瓦楞结构，达到低碳环保，用普通卡纸经过涂层做成无水柔印食品级披萨盒，通过美国第三方质量与环保检验，被商家放心地直接装入滚烫的披萨饼销售，获得美国印刷大奖柔性印刷类铜奖。产生的废水废气达标排放。

三、智慧转移

龙利得的发源地申城，现已成为国际经济、金融、贸易、航运和商业中心，其重要地位在全球屈指可数。但上海的人口稠密、企业林立、寸土寸金、竞争白热、劳动力成本高，也成为优企再发展的瓶颈。徐龙平把慧眼瞄向了外埠。

21 世纪初，经国务院批准，安徽"兴建皖江城市工业带，承接发达地区产业转移示范"。隶属滁州市的明光市地处皖江要冲，1912 年津浦铁路始建时，此处即被列为停靠站。龙利得胸怀全局，看好皖江城市带发展前景，果断选定明光作为产业转移之地，勤耕 9 年，意义非凡。

（1）规模生产有了广阔的活动地盘。明光厂首期建设占地 100 亩，地块超过上海两厂之和，转身空间大，有条件建盖雄伟厂房和宽阔仓储。独幢车间按欧式标准设计，高 15 米、面积 3.6 万平方米，是皖印单体车间中最大者。车间向外并排设立 27 个货门，可供大批货卡同时风雨无阻装运货物。

（2）科研探索有了优越的工作环境。明光厂的写字楼外观形象优雅，内部结构宽敞整洁明亮，实验室齐全，装备中央空调，带一层停车场，配电梯上下。职工公寓造型别致，食堂就餐便捷。研发中心已扩至近百人，与中科院共建了院士工作站。科研人员从事研究心情愉悦，思绪畅通，创新不断涌现。全系统共计取得各种专利296项，创造了多项领先，产品的适应性能改善，相继通过HACCP、SA8000、FSC、ISO9001、ISO14001、ISO22000、ISO50001、BRC和ISO45001等高端认证。

（3）企业党建有了扎实开展的良好条件。中共龙利得支部成立，徐龙平兼任支部书记，形成核心力量，定期给党员上党课，积极发展新党员，扩大党组织影响力，党员成为员工的中流砥柱。生产线设立"党员先锋岗"，取得党员技术革新类成果36项，为企业创造效益300多万元。党支部积极参与"百企帮百村"活动，扶贫明光市潘村镇中淮村见效，荣获安徽省和滁州市"先进基层党支部"称号。

四、智慧生产

劳动无上光荣。劳动的最高境界是简单、轻松、愉悦，不以挣钱为目的，而以干活为享受。

人类要达到该种境界，必须经过石器，手工，半机械、机械化、半自动、自动化，智能、超级智能的不断升级方式，千锤百炼、循序渐进。

笔者十几年前参观日本小森机械公司，其零件仓库居然空无一人，全是机械手在操作。"我当时想，如果中国印刷企业也能达到这种程度就好了。"现在，梦想已被龙利得初步变为现实。

2017年，奉其奉厂连上两条无人生产线，成为全国包装界最早的智慧工厂；全程贯串了运营物流智能、操作流程智能、产品转换智能、仓储智能以及客户端办公软件渗透生产流程信息化的商业智能，形成了一个"智能设备互联、工业大数据和智能应用"，上下互通、整体互联的体系。

紧随其后，明光厂也安装了一条无人生产线，所有设备全部从国外顶尖进口，所有软件链接皆由本司自主研发。原需4条传统流水线、200余人干的活件，现仅需4名员工指挥单臂机器人、码垛机器人和自动引导运输车

（AGV）完成，产能提升30%。

智慧生产，使效益不断递增。龙利得2017年到2019年营收，分别为6.42亿元、8.61亿元和8.71亿元，2018年和2019年同比分别增长34.11%和1.16%，公司名列"2020中国印刷包装企业100强排行榜"第48位。衡量企业经营的好坏，关键要看其净利润额和净利润率高或低。纸包装业平均利润率易跌难涨，但龙利得自2015年至2018年，净利润同比增幅连续保持10%以上。2019年该企遭遇外部冲击因素明显，净利润虽只有8599.99万元，净利润率同比呈大幅下滑，但在同业、同地仍属佼佼者。

智慧生产，更使产品广受信赖。包括"世界五百强"企业在内的客户分布国内外。在国内，保障民生的央企，视龙利得为合作骨干，依靠有加。服务民生的厂商，如金龙鱼等，则向龙利得频发订单，稳定持久。客户集中度下降，不再对单一客户过分依赖。公司近三年前五名客户占全公司总营收的比重，分别递减为51.69%、45.60%和40.07%。

龙利得及时将包装印刷股份有限公司更名为智能科技股份有限公司，既符合事实又代表了方向。

五、智慧上市

股票自1602年由荷兰人首创，很快形成活跃的资本市场，出现纽约、东京、伦敦三大交易中心，在全球经济舞台发挥着强劲的调节和引导作用。股市涨跌展现"晴雨"、增减收益，备受政府及公众关注，日益被多国运用。

深谙资本市场对企业具有强劲推动力的龙利得，为规范经营，完善股权结构，提高管理水平，实现资本扩张，于新三板挂牌、摘牌后，积极争取在创业板上市。尽管此番IPO进军并不顺利，一波三折，但徐龙平携合作者始终未放弃，依然按程序续而申请，终获成功。庚子年夏，创业板注册制改革试点首委会批准龙利得等3家企业于深交所上市。事实证明，沉着应对也是智慧。

龙利得于2020年9月10日上市那天，以32元/股大幅跳空开盘，盘中最高价 36 元 / 股，最低价 24.10 元 / 股，截至 11 时 30 分上午收盘 26.11 元 / 股，半日涨幅高达 462.72%，涨幅在当日挂牌的 3 家公司中最高。

在身高 1.80 米、长有一头浓密黑发的徐龙平的带领下，龙利得实现了先进制造业应用，智能制造，两化融合应用，印刷科技，各类纸包装容器设计、研发，现代精细化综合服务的一体化运营，深化供给侧结构性改革，服务以国内大循环为主体，国内国际双循环，开启了"科技引领市场，创新改变未来"的划时代新篇，成功当选中包联纸质品包委会副主委单位。

未来龙利得将继续秉承"科技引领市场，创新改变未来"的经营理念，致力于绿色环保产品的研发、设计、生产，顺应行业发展趋势，继续为市场提供绿色环保包装产品。

"龙利得"已成中国瓦楞名牌，明天它会更响亮！

（原载于 2021 年第 1 期《印刷经理人》杂志，原标题为《智慧龙利得》）

中域科技：炼就"专精特新"之路

聚焦模内标签细分领域，以专注坚持和持续创新，铺就"专精特新"的进阶发展之路。

顾客在超市冷藏区购买的八喜冰激凌，或各种口味的星巴克咖啡饮料，它们的标签与塑料杯是无缝融合、浑然一体的。这些被食品巨头企业相继用于高端产品上的印刷品，正是被称为"模内标签"（IML）的新型标签。

位于温州龙港市的浙江中域科技股份有限公司（以下简称"中域科技"），是国内最早生产注塑用模内标签的印刷企业。自2010年成立以来，中域科技聚焦细分领域，不断深耕，在行业中成为佼佼者和引领者。

2021年，中域科技被认定为浙江省"专精特新"企业。"专精特新"是时下最为热门的产业术语之一，而中域科技用了12年的时间，实现了与它的无缝融合。

一、以问题为导向，攻克初代模内标签技术难题

模内标签作业时，需将印刷好的标签用机械手放进吹／注塑模腔内，经高温高压作用与容器"熔"为一体。这种作业方式对模内标签的质量要求极高。

2008年，中域科技创始人洪明邓首次接触模内标签。当时的标签还是在胶印机上印刷，配合吹塑工艺使用。作为代理商，洪明邓发现这种标签用于高温注塑时，成型后油墨容易掉色，且印张有静电时，机械手操作经常会出现重张的问题，根本无法在市场进行推广。

为此，洪明邓开始自行研发注塑模内标签的生产工艺。在龙港印刷业摸

爬滚打多年的从业经历，让他对各种印刷方式和印后处理工艺熟稔于心，具备了很强的解决问题的能力。首先，洪明邓采用凹版印刷机进行标签印刷，成本比用多色胶印机大为降低，且凹印色彩更为鲜艳饱满；其次，为了解决油墨附着力不强的问题，他在印刷层表面复合一层高透膜，确保不会掉色；最后，对标签进行除静电处理。

彼时，模内标签技术虽然在国外已风行多年，但国内却刚刚起步，在注塑领域更是一片空白。中域科技推出的这种初代模内标签，以其独特的创新性和实用性，成功地推开了市场的大门。

由于先行之利，中域科技相继为雀巢、伊利、蒙牛和星巴克等知名品牌供应模内标签，一度在国内市场占了 2/3 的份额。

二、咬定青山不放松，做专做精还做新

在洪明邓看来，中域科技打造"专精特新"企业，一是靠长期的专注，二是靠持续的创新。中域科技成立 12 年来，一直聚焦模内标签单一产品，从未涉足印刷包装其他产品领域。长期的专注与深耕，也使其创新工作能够持续深入。

初期，中域科技以双层复合的初代产品打开市场大门，后来做出口时，国外客户出于环保回收的考虑，要求提供单层材质产品。洪明邓立即带领员工进行研发，顺利推出新一代模内标签，在一层膜上满足了全部的技术要求。

随着模内标签应用范围进一步扩大，中域科技开始追求产品的差异化，先后开发出耐化学性能的标签、可折叠标签、可做标记的镭射标签、变色标签、湿胶可洗标签和防水耐高温标签等几十个新产品，以满足客户的不同需求。

这些"微创新"，实际功用却一点都不微小。比如一种高阻隔性能的模内标签，可以在塑料容器材质和厚度不变的情况下，大大提升包装的阻隔（光、氧）性能，从而大幅度提升产品的保质期。又如一般模内标签仅能在一个面上实现与容器的融合，中域科技通过对材质收缩率的精密计算，开发

出一种可以与数十个拼接面熨帖融合的新型模内标签，让包装容器更具时尚感。

图 6-1 中域科技产品

最让中域科技自豪的还是公司经过多年努力，基本上实现了原材料的国产化替代。在与供应商的长期协同创新中，终于实现了一种可以替代进口产品的高性能薄膜，使得原材料成本下降了 30%。

正是长期以来的专注与创新，让中域科技终于炼就了"专精特新"。

三、打造优秀人才高地，推动公司持续发展

中域科技发展到一定规模后，洪明邓大量聘请职业经理人，主动将生产、行政、销售、财务等板块分权下去，形成经理人治理的格局。

这种迥异于家族式企业的做法，让中域科技形成了吸引优秀人才的良好氛围。公司拥有 200 多名员工，其中大专以上学历员工占总人数的 30%。这在印刷行业中算得上一个非常另类的样本。据笔者了解，在龙港本地传统印刷企业中，大专以上学历员工占比仅为 5% 左右。

高素质人才的集聚，为中域科技的研发创新工作奠定了坚实的基础。同时，中域科技先后出台《产品研发管理制度》《研发资金管理办法》《研发

人员绩效考核奖励办法》，在制度的顶层设计下，规范、激励创新工作持续开展。

也因此，中域科技的创新工作卓有成效，公司拥有实用新型专利 50 个，申请发明专利 2 个，先后被认定为国家高新技术企业、浙江省研发中心、温州市技术研究开发中心和温州市创新型企业。2021 年，为了进一步规范模内标签技术要求和市场秩序，中域科技联合多家行业企业，牵头制定《薄壁注塑用塑料模内标签》"浙江制造"团体标准，确立了公司在该领域的市场地位和话语权。

洪明邓深知人才是企业发展的根本。为此，中域科技一方面采取晋升、奖金等多种激励措施，达到吸引人才、留住人才、充分发挥人才作用的目的；另一方面，建立全员参与、终身学习的企业人才自我技术水平提升制度，定期选派优秀员工进行半脱产的专业技能培训。同时，中域科技还成为龙港市首批职业技能等级认定试点单位，首期评出高级工 20 多名。这无疑极大提升了整体技能劳动者的素质和荣誉感，也为中域科技的高质量发展注入动力。

一路走来，得益于长期专注和持续创新的力量，中域科技在模内标签这片蓝海市场中扬帆远航。未来，中域科技还将继续聚焦创新，修炼内功，努力走好"专精特新"的进阶之路。

（2022 年创新十强，原载于 2022 年第 3 期《印刷经理人》杂志）

安徽宏洋包装：讲好酒盒与铁罐"两手抓"的故事

"赤橙黄绿青蓝紫，谁持彩练当空舞？"

由杨怀林任董事长、李红燕任总经理的安徽宏洋包装集团有限公司，就是当今皖印舞者。它左手抓纸质酒盒，右手抓马口铁罐，两手都硬，交相辉映；唱响纸与铁双包装大戏，赢得"五多"非凡战绩。

1. 销售多

该集团在2019年实现销售收入3.78亿元，跨过了3亿元门槛，位居至今仍为数较少的安徽印刷企业第一方阵。

2. 获奖多

该集团荣领十余项省、市、区颁奖称号，如"安徽省高新技术企业""安徽省专精特新中小企业""安徽省商标品牌示范企业""安徽省民营科技企业""安徽省诚信印刷包装企业""阜阳市重点培育企业""阜阳市竞争力品牌百强模范创业企业""阜阳市建市20周年暨'十二五'百佳优秀企业""颍州区统计工作综合考核先进单位"等，企业被政府和行业认可的程度可见一斑。

3. 场地多

该集团在颍州区程集镇购地70亩，建成与企业同名的大型工业园，厂房总面积4.5万平方米，另有3栋职工宿舍楼和食堂；还在浙江义乌市和广东东莞市设立了长期性生产经营场所，成功实施了"走出去"战略。

4. 连锁多

该集团除本部外，下辖12家具有独立法人资格的子公司和3个直属加工厂。所属单位经集团统一调配，实行专业生产、分工协作、紧密联动，促进规模效应和集约化增长。

5. 应聘多

凭声名鹊起和优厚待遇，该集团形成了较强的社会吸引力，使招工不乏从者。众多高校本科生、大专生和外单位的熟练工纷纷报名应聘，当地小青年以到"宏洋"上班为荣。全集团人才济济，在册员工常年保持800名以上，保证了设计、技术、操作、管理和营销等各类岗位的需求。

一、左手抓纸质酒盒

阜阳素称"酒乡"，如今酒企更是林立。以阜阳为中心的方圆200公里内，盛产古井贡酒、金种子酒、文王贡酒、焦陂酒、高炉家酒等数十种白酒，尤以古井贡酒和金种子酒闻名，列入"四大徽酒"。古井贡酒曾得到周恩来总理赞扬，跃登"中国名酒"榜。各酒厂每年支付纸质酒盒的加工费用，总额数十亿元。如此庞大的市场需求，给酒盒包装提供了丰硕的业务来源。

宏洋集团占有地利，优先获得试做机遇；通过酒盒设计、酒珍品盒制作和酒销售淡季生产3个环节展示身手，得以胜出。

1. 酒盒设计使巧手

酒盒外观如人颜，好看易得好感。宏洋集团成立设计部，专为客户提供酒盒各种形状与图饰。设计师们巧夺天工，不断推出俊朗酒盒，其样或似大户闺秀，或如小家碧玉，无不婀娜多姿，使盒内的白酒更显傲气。看到这般效果，多家酒厂放弃了自家设计酒盒的打算，全权委托"宏洋"代劳。

2. 酒珍品盒制作用强手

酒本有好差之别，同名酒也分三六九等。好马配好鞍，好酒好包装。基于这种认识，宏洋集团坚持以高质量酒盒应对酒中珍品，选择精兵强将充当珍品酒盒的制作力量。每当古井酒盒特别是"16年洞藏"的订单到后，即派最能干的班组承制，车间主任跟班把关，分管厂长及时查看。好钢用在刀刃上，岂有不成之理。"十年徽蕴金种子"的酒盒坚固亮丽，也源于强劲班组精心打造。

195

3. 酒销售淡季生产不停手

白酒销售存在淡旺季，决定了酒盒制作也有淡旺季。但宏洋集团在酒盒制作淡季时不肯歇息，仍然坚持开工生产，作适当备货安排，并将这些备用酒盒置于防止潮、霉、裂、燃的安保状态。待白酒销售旺季来后，不论酒厂对酒盒何时要、要多少，该公司都能随时供、如数交，从未出现迟供或缺货现象，被酒厂称作"好帮手"。

二、右手抓马口铁罐

马口铁经过清洁处理，在表层印上彩图，再模压成各种形状的罐体，集亮、秀、雅、固于一身，且不易开裂、变形，适于携带，是盛装糖果等小块物件的理想载体。笔者少时家居首都，曾随父亲到西直门外的苏联展览馆（现北京展览馆）游览，买过一盒苏联产的水果糖。那糖粒呈胶囊状，糖盒圆圆，罐面红彤发亮，着实讨人喜欢。那是笔者头一次见到马口铁罐，60多年未忘。现在的马口铁罐更美，日益与百姓生活接轨。

宏洋集团因势利导，果断上马印铁制罐项目，引进6条印铁线，安装500台制罐机，日产铁罐20万只，产品很快覆盖黄淮、江淮市场，进而开通国际贸易，销售收入与纸质酒盒平分秋色。通过"三制"运作，其制罐脚跟站稳。

1. 广制生活罐

中国民间有包喜糖、放首饰、储钱币、盛梳装物的生活习俗，而这些物件的载体正在大幅度由纸、木、瓷盒换为铁罐，市场需求发生蜕变。宏洋集团积极开动脑筋，倾心研发，相继推出近百种各式各样的喜糖罐和私房用罐，给百姓以广阔的挑选空间；同时开足马力，日夜生产，充分满足了群众婚庆和日常生活所需。可以说阜阳市及周边各县商场、店铺、摊点批发或零售的生活类铁罐，几乎全出自该集团之手。

2. 定制礼品罐

马口铁罐的美貌，使其越来越多地走出日用范畴，成为摆在书房或厅堂的欣赏物。宏洋集团奉客户意愿，定制了大量礼品性铁罐，"曲奇蛋""未来星"铁蛋等，便是其中的佼佼者。这种蛋看似像蛋，其实是罐。在椭圆形的"蛋壳"上，展示着形态各异的动物与花草，神气活现、栩栩如生，置于座盘上俨然是个小艺术品，让人浮想联翩。伊利、蒙牛两大乳业，常以两蛋馈赠客户。有消费者看过蒙牛"未来星"铁蛋后，给出"花纹清新自然，形状小巧玲珑"的称赞。金典有机奶定制的"银边骨瓷杯碟套装"罐，也被"宏洋"做得流光溢彩。只见绿色罐面、白盏白碟的下部，大股雪白的奶液向两旁"奔流"，形成奶花涌溅，就跟香气扑鼻的真奶淌来一样，让人忍不住想用手接。

3. 精制出口罐

马口铁罐虽始自欧美，但因不堪承受本地人工费用高昂而放弃原产，改为外购使用。宏洋集团非常重视此宝贵机遇，认为做出口铁罐既可弘扬中国品牌又能赚取外汇，岂不两全其美？于是把精益求精、一丝不苟的作风贯串生产全过程，实行精细化和标准化管理，进行人、机两套严格检测，杜绝任何瑕疵疏漏，达到良心品质保证。这些铁罐销至美国和加拿大后，未发生过一件退货，经手的外贸部门都觉得"脸上有光"。其中，印有精美宠物图案、洋溢着浓郁儿童气息的文具盒和铅笔筒，由圣诞老人送给了孩子们，迎来一片喳喳欢叫。

宏洋继续两手抓，再创辉煌乐哈哈！

（原载于《印刷经理人》微信公众号，2020年11月26日）

金百利：坚持"创新驱动发展"，探索"专精特新"之路

金百利包装集团（以下简称"金百利"）创办于 1990 年，总部位于福建泉州，是一家集设计研发、彩色印刷、纸箱彩盒制作、物流配送服务为一体的综合性大型印刷包装生产企业，坚持为广大客户提供高质量、快捷方便的包装配套服务。

深耕印刷包装行业多年，金百利凭借先进的设备、完善的技术、科学的管理、专业的人才团队等优势，以领先的创新理念、超前的市场意识，不断开展新产品、新技术的研发应用，并以高质量的产品及诚信可靠的服务赢得了良好的社会声誉和行业口碑，各类产品畅销全球。

一、三十余载行业探索之路

岁月如歌，回想 1990 年，金百利包装厂的成立拉开了金百利创业征程的序幕。如今，金百利已发展成拥有泉州金百利包装用品有限公司、福建金百利纸品有限责任公司、福建金百利包装用品有限公司、成都金百利包装用品有限公司、济南金百利包装用品有限公司、汉川金百利包装用品有限公司等六大生产基地的大型印刷包装生产集团。

一种奋进，决定一种高度。如今的金百利集团厂区占地面积近千亩，员工人数达 2000 人，先后荣获"中国印刷包装企业 100 强"、中国包装百强企业、中国包装优秀奖、中国包装科技成果奖、福建省示范印刷企业、福建省包装龙头企业、福建省重合同守信用单位、福建省科技小巨人企业、福建省"专精特新"中小企业、福建省名牌产品、福建省著名商标、泉州市纳税 A 类企业、泉州市包装龙头企业、泉州市数字化车间等荣誉。

此外，金百利还通过了 ISO9001 国际质量体系、ISO14000 国际环境管理体系、职业健康体系、两化管理体系、知识产权管理体系、武器装备质量管理体系等多项资质认证。

二、以智能化提升企业综合实力

有一种发展叫作与时俱进。金百利紧跟国家发展战略方向，多年来持续开展技术升级改造，引进国内外先进的智能印刷包装生产设备以及智能化物流输送系统，以"智能工厂、智能生产、智能物流"为建设标准，实现传统生产到智能制造的转型升级。通过采用全新的智能生产管理模式，借助智能机械手，金百利实现了原材料、半成品、成品在全生产环节中的全轨道输送。

凭借优秀的制造执行系统，金百利能够做到快速化、准确化、精细化管理，以数字化信息系统，实现生产、质检、工艺、物流等各部门实时、全面、准确的性能与品质管理，从而使企业在降本增效、提高产品质量的同时，提升自身服务水平，提高企业竞争力。

此外，金百利还建设有智能包装纸箱新品类研发中心和纸箱印刷包装实验室，并配置了涵盖全生产流程的多种检测设备，进一步为产品质量提供了保障。

如果说基础建设是企业发展的基石，那么创新则是企业发展的核心竞争力。在优质生产条件的基础上，金百利始终坚持"创新驱动发展"战略，在构建文化创新体系架构、打造企业创新平台的同时，还建设有印刷包装研发中心、大型印刷文化创意展厅、无尘包装实验室等。

在管理上，金百利敢于创变、忠于创优。通过导入数字化管理模式，金百利完成了所有基地的全自动化控制，并建立了完善的品质管控体系，能够实现从材料到产品的全流程质量管控。在技术上，金百利成立了创新技术中心，并组建了专业的研发团队。

在"自主创新"和"借脑引智"两大理念的双轮驱动下，金百利不仅开发了一系列包装印刷文创产品，还攻克了一批核心关键技术，取得了较多技术成果，拥有近百项核心知识产权和多项发明专利，并参与了多项国家标准和行业标准的制定。

金百利深知产品质量是企业生命力的来源，是一家企业在市场中的立足之本和发展保证。为此，金百利始终以"做好顾客满意的产品"为目标。

随着行业生产精细化水平的提升，消费者对产品质量的要求也逐步提高。为进一步保障产品的质量安全，金百利在原有高起点的基础上，逐步导入了 ISO9001 质量管理体系、ISO14001 环境管理体系、职业健康安全管理体系等，并陆续获得了两化管理体系认证、知识产权管理体系认证、武器装备质量管理体系认证等资质，以此在保证自身管理水平不断提升的同时，确保整个生产经营流程管理的有序开展。

三、打造企业核心品牌形象

金百利始终坚持社会主义文化发展方向，自觉践行社会主义核心价值观，致力于打造独具特色的"金百利"包装品牌，以优品品质赢得市场。多年来，金百利先后与众多国内外知名的食品、饮料、啤酒、粮油、鞋服、快递、电器、电商、农产品等领域的企业建立了良好的合作关系。

创办三十多年来，金百利积极履行社会责任，致力于为国家建设、家乡繁荣贡献自己的一份力量。也正因如此，金百利收获了许多社会荣誉，并积累了良好的口碑。2018 年，董事长郭泽鹏被授予泉州台商投资区"慈善事业特别突出贡献奖""泉州台商区慈善总会永远荣誉会长"等荣誉。

2020 年，疫情暴发，金百利在泉州市政府、台商区管委会的号召与指导下，迅速完成医用防疫口罩生产车间及实验室的建设，并投入搭建了多条口罩自动化生产线，解决了泉州市疫情期间部分口罩的需求问题。此外，金百利还多次捐赠各类防疫物资，全力支持疫情防控工作。

历经三十余载，金百利持续走在行业转型升级和技术创新前沿，不断开掘适合自身的数字化发展道路，逐步走向成熟。在砥砺前行的同时，金百利将继续以回报社会为己任，为国家经济建设、为家乡发展尽一份力量。

（原载于《印刷经理人》微信公众号，2022 年 8 月 25 日）

金富科技：创新研发，推动小瓶盖创造大世界

金富科技将创新研发作为提升企业核心竞争力的关键因素，用小瓶盖创造大世界。

在食品包装领域，瓶盖早已不是什么新鲜事物。然而，这个看似不起眼的小物件，却对技术有着极高的要求。

印刷包装行业里有这样一家企业，它二十多年如一日，专注瓶盖制造，致力于饮料、食品等领域使用的包装产品研发、设计、生产和销售，一年生产产能超过 200 亿只产品，于 2020 年成功上市，成为行业内的佼佼者，它就是金富科技股份有限公司（以下简称"金富科技"）。如何用小瓶盖撬动大市场，用创新赢得发展呢？让我们走近金富科技，一探究竟。

一、创新立企，小瓶盖创造大世界

金富科技的企业发展史，用创新写满了注解。

金富科技成立于 2001 年。彼时，可口可乐装瓶商生产（东莞）有限公司在东莞落地不久，华润收购的怡宝饮用水落地深圳生产，水源在罗浮山脉南麓的景田百岁山也开始扩张纯净水生产基地，塑料瓶盖的需求井喷式扩大。在这样的背景下，金富科技从意大利引进萨克米设备，专注饮用水瓶盖的研发生产，踏上了"用小瓶盖创造大世界"的高速发展之路。

成立之初，金富科技便确立了"创新立企"的基本原则，致力于新产品和新技术的创新研发。2005 年，金富科技研发团队成功自创"压盖＋印刷"

流水线生产模式，实现了从入料、压盖、印刷到成品完成的全自动化生产，大幅提升了瓶盖生产的效率；2008年，金富科技成为国内首家成功研制含气饮用水用轻量盖29/25盖并批量供应的企业，此后又相继研发成功4.5L盖和T29/25盖、轻量化环保型30/25盖等产品。

作为高新技术企业，金富科技持续注重研发创新，高度重视技术积累和储备。金富科技董事会秘书吴小霜介绍："金富科技组建了高素质的研发团队，坚持引进全球顶尖的瓶盖制造设备，加以本土化的适应改造，每分钟可生产瓶盖1600～1800只。"

2020年，金富科技在深圳证券交易所挂牌，正式宣告深圳中小板A股上市。上市以后，金富科技走出广东，逐渐发展成为集团化公司，通过并购的方式增加了主营业务产品，定位也由原先单一的饮用水领域拓展到了应用于饮料、食品等领域用的包装产品，产品销售范围也从国内逐步发展到供应国际市场。

二、注重研发，提升核心竞争力

金富科技自成立以来一直将技术研发能力作为提升企业核心竞争力的关键因素。

吴小霜表示，金富科技拥有一个完善的研发组织体系和充满竞争力的技术研发团队，研发人员占员工总人数近10%。"这个团队的核心研发人员不仅拥有广泛的行业经验和深厚的专业知识，而且他们的研发领域涵盖了瓶盖产业中所有的核心技术模块"，这使金富科技在行业中脱颖而出。

金富科技根据客户的实际需求进行研发创新。"我们曾为公司客户研发设计定制化的瓶装水的塑料瓶盖，由于瓶体包装轻薄、含气，因此要求瓶盖也要轻量化，且不能漏气，这对技术方面有很高要求。"据吴小霜介绍，当时金富科技与客户通力合作，几个月时间就研发并批量生产了饮用水用轻量盖29/25盖瓶盖，获得了客户的高度满意，金富科技也因此被客户授予最佳结盟供应商奖。

"滴水穿石，非一日之功"，金富科技形成三种具体研发模式：

一是根据客户对于新产品外观设计或结构性能上的独特要求，负责产品外观及功能性的具体开发，或在轻量化、密封性等方面进行有针对性的研发。二是根据市场的发展趋势或者发展需求，为开拓市场进行的前瞻性的新产品、新工艺的自主设计开发。三是对生产设备的自主研发及技术改进，包括配套生产设备的关键技术节点以及瓶盖模具等。

截至 2022 年底，金富科技共拥有专利权 122 项，其中发明专利 30 项，实用新型专利 86 项，外观设计专利 6 项，多项专利技术已投入至实际生产应用中。

由于瓶盖产品直接应用于与食品直接相关的领域，涉及食品安全，金富科技在质量检测方面也投入了很多。"我们的质量保证体系经过了一系列的严格测试和流程审核，从来料到出货的全流程均设有严格的管理体系，印刷工艺及用料对安全、环保均有严格要求。"吴小霜介绍道。

凭借突出的研发创新能力和至臻至诚的品质服务，金富科技也收获了一众大客户的信赖，在业界享有较高的声誉和口碑。

三、持续创新，面向绿色包装未来

2023 年 3 月 28 日，金富科技发布 2022 年年度报告。报告显示，2022 年金富科技主营收入 7.38 亿元，同比上升 11.93%。吴小霜表示："过去三年，疫情带来了很多不确定性，我们也经历了内、外部的各种挑战与考验，但金富科技通过开拓新业务、新产品实现了营业收入的稳健增长。"

当前，我国包装业正逐步向科技含量高、经济效益好、资源消耗低、环境污染少、人才资源优势得到充分发挥的新型包装业迈进，"绿色、低碳、环保"将是未来包装行业发展的主轴。金富科技深谙于此，在生产过程中坚持绿色可持续发展的理念，不断深入实践，已在碳减排的计划中实施相应的行动。

曾经一只塑料瓶盖需要三克多重量的原料，金富科技研发部门经过几年的时间攻克，在保持原本性能的基础上，最终减重可低于 1.7 克。这是什么概念呢？吴小霜举例说明："金富科技一年生产产能超过 200 亿只产品，相当于减少了 50%的原料，这在数量上是非常可观的，对环保也有很大的贡献。"

此外，金富科技还在大力推进智能化建设，将在东莞市厚街镇投建金富科技华南总部以及瓶盖智能生产基地项目。吴小霜表示，瓶盖智能无人化车间分为智能生产区和智能仓储区，旨在实现生产和仓储环节的全自动化智能制造。

20 余年时光流转，不变的是金富科技一直以来坚持创新发展的初心。面向绿色包装未来，金富科技作为瓶盖领域的领先者，将继续以市场为导向，以大力发展生产技术的自动化、智能化和不断培养、发展多元化产品为两条主线，形成"一体两翼"的发展战略，通过持续创新，不断提高在瓶盖领域的"一站式综合服务"能力，致力于"成为瓶盖行业受信赖的企业"。

（2023 年创新十强，原载于 2023 年第 3 期《印刷经理人》杂志）